Aux D. : Pascale, Christophe, Nathan et Jean

ÉLISABETH BUTTERFLY

FRANÇOIS TRUFFAUT

LE JOURNAL D'ALPHONSE

Préface d'ÉVA TRUFFAUT

nrf

Gallimard

«Je crois qu'on est amené
à vivre dans un état
d'infirmité.»

François Truffaut

Les films sont comme le sourire
Du chat de Chester,
Une fois le chat disparu,
Le sourire demeure.

Un samedi de novembre 2003, ce message intrigant sur mon répondeur : une certaine Élisabeth Butterfly souhaite me rencontrer à l'issue d'une curieuse découverte concernant un film ou des essais qu'aurait tournés mon père et dont je ne sais quasiment rien. Cela ne me semble pas très clair, mais ce qui attire mon attention, c'est avant tout ce nom, Élisabeth Butterfly, qu'on croirait celui d'une héroïne échappée d'un conte d'Edward Gorey, une proche parente de Drusilla, de miss Skrim-Pshaw ou de Maudie. Et il y a cette voix juvénile qui tranche avec le sérieux plutôt universitaire du propos. Nous convenons d'un rendez-vous entre la tour Eiffel et la cinémathèque de Chaillot. Ce n'est pas la première fois qu'on me sollicite pour me parler de mon père et, de ce côté-là, je suis du genre chatouilleux. Échaudée par certains, exaspérée par d'autres, je me méfie des gardiens du temple comme des fossoyeurs ; cette année, ils semblent pousser tels des champignons. Je lui fais donc subir toutes sortes d'épreuves initiatiques, histoire de tester sa compétence autant que sa sincérité ; elle s'y plie avec une drôlerie déconcertante. Mettant sa patience à rude épreuve, je l'asticote implacablement. Au fur et à mesure de nos entretiens, je découvre une jeune femme excentrique et passionnée par son sujet : l'étude originale du Journal d'Alphonse, *travail inédit et inabouti de mon père, qu'elle a soigneusement retranscrit puis analysé, après de scrupuleuses recherches dans ses archives et auprès d'une partie de ses collaborateurs.*

L'ampleur de la tâche et sa qualité ne seraient qu'anecdotiques si Élisabeth Butterfly n'y avait ajouté cet enthousiasme tenace qui n'a jamais failli, alors même que les matériaux étaient dispersés tant aux Films du Carrosse qu'à la Cinémathèque française. Seuls les documents de la BiFi étaient aisément accessibles. Bref ! Il fallait l'intuition d'un Sherlock Holmes et l'ardeur d'une authentique truffaldienne. Il fallait aussi une bonne dose d'humour et de vaillance pour se coltiner l'assemblage rigoureux d'un tel puzzle sans crouler sous les contraintes rébarbatives que ce travail exigeait. Il s'agissait de démêler, recouper, ordonner d'innombrables documents : bobines non étalonnées, bandes sonores éparses, bribes de dialogues, rapports de script, etc.

Alors, petit à petit, l'ébauche d'un film a pointé le bout de son nez, assez nettement pour renaître aujourd'hui au fil de ces pages et, du même coup, clore définitivement le cycle des Doinel par cet ultime chapitre qui demeurera inachevé mais vivant : Le Journal d'Alphonse.

Hélas, les contes de fées n'étant pas de ce monde, les papillons étant par nature volages et les meilleures plaisanteries étant toujours les plus courtes, miss Butterfly — et c'est selon moi tout son charme — n'est qu'une fieffée menteuse, une sorcière à l'imagination débridée qui, en créant de toutes pièces ce Journal d'Alphonse, *aura sans doute restitué à mon père ce qui fait cruellement défaut à tous les hommages qui lui sont rendus : la légèreté et la fantaisie. De cela, je lui sais gré.*

Éva Truffaut

LA VIE EST DÉGOÛTANTE

Un volet supplémentaire aux *Aventures d'Antoine Doinel,* quand François Truffaut s'en était défendu[1] ? « J'en ai fini avec Doinel[2] », déclarait-il après *Domicile conjugal* et *L'Amour en fuite.* Et voici *Le Journal d'Alphonse*[3], dans lequel le fils d'Antoine et de Christine chronique les effarements de sa vie d'adolescent.

Ce journal cinématographique diffère cependant des « Doinel » antérieurs. Il renoue avec les Mémoires et les carnets intimes que François Truffaut aimait tant[4]. Il renoue avec la fièvre de l'écriture, celle de

1. « Il n'y aura pas de cinquième roue du carrosse », *Le Nouvel Observateur,* 15 octobre 1979.
2. *Truffaut par Truffaut,* textes et documents réunis par Dominique Rabourdin, Chêne, Paris, 1985, p. 123.
3. Voir le script original reproduit p. 111.
4. Dans son article « *In François Truffaut's Library* » (*Vertigo,* n° 4, été

L'Histoire d'Adèle H., avec le goût des livres — *Fahrenheit 451* ou *L'Homme qui aimait les femmes.* Il renoue avec les correspondances et les journaux intimes — *Jules et Jim, Les Deux Anglaises et le Continent*[1]. Travail cinématographique parcellaire, incomplet, découvert dans les pléthoriques archives du Fonds Truffaut de la BiFi, *Le Journal d'Alphonse* est un film en pointillé, brutalement interrompu par la mort de François Truffaut en 1984. Noyé au milieu de nombreux projets inaboutis, il n'aura pas attiré l'attention[2]. Pourquoi privilégier celui-là ? *La Tour Eiffel* (1957), *Bleu d'outre-tombe* (1960), *Bonnie and Clyde* (1965), *Nightfall* (1965), *L'Agence Magic* (1976), *La Petite Voleuse* (1983)… autant de projets abandonnés avant tournage, et la liste n'est pas exhaustive[3].

1994, pp. 112-126), Ben McKenna énumère un nombre non négligeable de journaux littéraires, dont ceux de Gide, Léautaud, Kafka, Flaubert, Bernanos, Leopardi, Jules Renard, Kierkegaard, Delacroix, Ionesco, Green, Vigny, Colette, Montaigne, Henri-Pierre Roché, Genet, etc.

1. « Le sport favori de François Truffaut : la correspondance », Pat Frank, *Elle*, 13 mai 1975.

2. Truffaut compartimentait en effet son travail, exigeant une discrétion absolue de ses collaborateurs. En témoigne le fameux « Pas un mot à Suzanne » lancé à Jean Gruault (mentionné par Carole Le Berre, *François Truffaut,* Cahiers du cinéma, Paris, 1993, p. 41).

3. Voir la filmographie des projets inaboutis p. 126, et l'article

Ces bobines en double bande, non étalonnées et non mixées, mises bout à bout, ne restituent pas plus de dix minutes de film. *Le Journal d'Alphonse* y est interprété par une joyeuse bande de comédiens dont les rires se mêlent à la voix grave du jeune Stanislas Merhar, qui incarne le fils d'Antoine Doinel. Plus de vie tracée, d'existence prévisible : avec Alphonse, Truffaut refuse d'enfermer son personnage dans un récit circonscrit. Il se sent « comme un fildefériste sans fil de fer[1] ».

« Comment Antoine Doinel a-t-il évolué ? J'aimerais citer cette phrase de Scott Fitzgerald : "Toute vie est un processus de démolition." Nous savons bien que la vie ne va pas vers quelque chose d'exaltant et d'ascendant[2]. » Des *Quatre Cents Coups* (1959) au *Journal d'Alphonse* (1984), Doinel, mi-Léaud, mi-Truffaut, n'a pas vraiment changé, il ne s'est pas construit, il n'a pas mûri.

Dans ses notes préliminaires au *Journal d'Alphonse*, Truffaut a tapé une citation de Balzac qui résume

---

de Carlos Michet : « L'homme à la filmographie inachevée. Les mille et un projets de François Truffaut », *Cahiers du cinéma*, n° 369, mars 1985, pp. 23-42.

1. *Truffaut par Truffaut, op. cit.*, p. 171.

2. François Truffaut, *Les Aventures d'Antoine Doinel*, propos recueillis par Simon Mizrahi, Ramsay, Paris, 1970, pp. 395-396.

son propos[1] : « Il est des hommes dont la voie est tracée ; du commencement à la fin, leur existence suit une ligne droite : ce qu'ils ont fait hier, ils le font aujourd'hui, ils le feront demain, ils le feront toujours[2]. »

Dans la marge, Truffaut commente : « Antoine, c'est tout le contraire ! » et colle un dessin tiré des *Mémoires pour servir à l'histoire de la Révolution française* de Balzac, qui représente la vie comme un drame qui serpente[3].

Comment rendre l'aspect confus et mobile de l'existence à travers une œuvre cinématographique ? Dans un dessin humoristique du *New Yorker*, le staff d'une grande entreprise se réunit autour d'une table pour résoudre la question : *La vie exaltante de?*

---

1. Inventaire des Archives de François Truffaut, BiFi, Fonds Truffaut, volume III, TRUFFAUT 318 B154.

2. Honoré de Balzac, *Mémoires pour servir à l'histoire de la Révolution française, par Sanson, exécuteur des arrêts des criminels pendant la Révolution, Œuvres diverses,* Gallimard, « Bibliothèque de la Pléiade », Paris, 1996, p. 441.

3. « Je fais des bilans tous les dimanches, tous les dimanches et tous les mois de décembre. À cause de cela, j'aime beaucoup les lundis et le mois de janvier. Parce que la vie repart ! La vie, selon moi, suit la courbe d'un électrocardiogramme » (« François Truffaut : Je hais les dimanches », propos recueillis par Mireille Poirot, *Le Point,* n° 1813, 2 décembre 1981).

"il est des hommes dont la voie est tracée; du commencement à la fin, leur existence suit une ligne droite: ce qu'ils ont fait hier, ils le font aujourd'hui, ils le feront demain, ils le feront toujours".

Antoine c'est tout le contraire !

Note de François Truffaut pour *Le Journal d'Alphonse.*

Truffaut commente : « Dans le cas de Doinel, ce n'est pas la vie "exaltante", ce n'est pas la vie "prodigieuse", c'est une vie tout court[1]. » Car l'existence n'est pas une course balisée, avec un départ et une arrivée, elle est irrésolue, désordonnée. Dans *L'Amour en fuite*, le cinéaste adoptait une construction narrative fragmentée, faisant constamment resurgir la vie d'Antoine Doinel sous forme de flash-back. Mais, pris dans ses contradictions et ses défauts, Doinel n'a rien à révéler[2]. Il n'est d'autre mystère, d'autre transcendance que sa propre personne : « Antoine Doinel, Antoine Doinel, Antoine Doinel… »

Cette déconstruction narrative reflète tout autant les désordres de son existence qu'une conception plus générale : le cinéma ne raconte pas nécessairement une histoire, souligne Truffaut[3], allant à l'encontre de bien des idées reçues. Commentant *Citizen Kane* pour présenter l'ouvrage d'André Bazin[4], il choisit

---

1. *Truffaut par Truffaut, op. cit.*, p. 166.
2. « L'impossible monsieur Doinel », David Huxley, *Télérama*, n° 1959, 13 novembre 1979.
3. François Truffaut, *Le Plaisir des yeux*, « Petite Bibliothèque des Cahiers du cinéma », Paris, 2000, p. 191.
4. Préface du livre *Orson Welles - a critical view by Andre Bazin*, Harper and Row, New York, 1978. Reprise dans *Le Plaisir des yeux, op. cit.*, p. 154.

ainsi une bande dessinée de *Peanuts* par Schulz publiée en 1973 dans le *Los Angeles Times*[1] :

« Voici ce que montraient les sept dessins :
1. Charlie Brown regarde la télévision.
2. Lucy lui demande : *"What are you watching ?"*
3. Charlie Brown : *"Citizen Kane."*
4. Lucy : *"I've seen it about ten times."*
5. Charlie Brown : *"This is the first time, I've never seen it."*
6. Lucy quitte la pièce et lance : *"Rosebud was his sled."*
7. Charlie Brown se tord de douleur : *"AAUGH !!"* »

Au-delà de son aspect immédiatement provocateur, cette *joke* souligne qu'un film cherche à raconter une histoire[2]... ou à faire semblant : « Ce qui intéresse le metteur en scène, ce sont les regards, les silences,

1. Sur les sources documentaires du cinéaste, voir l'article de Barry Kane « Faits divers, dessins humoristiques et témoignages : l'inspiration de François Truffaut », *L'Avant-Scène Cinéma,* numéro spécial, 1-15 mars 1983, n° 303-304. Sur l'humour, se reporter au remarquable article « Farces et attrapes : François Truffaut entre Chaplin et McCarey », Félix Léon, *Positif*, mai 1993, n° 467-468.
2. Pour prendre l'exemple des *Quatre Cents Coups* : « L'histoire, celle

les rapports entre les gens, entre les plans[1].» Les personnages sont pris dans des ressorts dramatiques, et leurs sentiments, leurs tremblements, leurs trahisons tricotent la matière du film[2]. Aussi comprend-on que François Truffaut se soit toujours attaché à «des histoires d'amour empêché, [où] les empêchements ne sont presque jamais extérieurs, [mais] intérieurs, et même mentaux[3]». Gide, que Truffaut a beaucoup lu, note en ce sens dans son *Journal*[4] : «Le seul drame de l'être humain est ce qui l'empêche d'être authentique... L'obstacle est le plus souvent en lui-même. Et tout le reste n'est qu'accident.» Dans *La Peau douce, La Sirène du Mississipi* ou le cycle Doinel,

---

d'un jeune garçon difficile, incompris puis abandonné par ses parents, n'est pas originale en soi, mais par son traitement elle devient unique» (Jacques Doniol-Valcroze, «Les Quatre Cents Coups», *France-Observateur*, 4 juin 1959).

1. «François Truffaut : L'adultère, c'est terrible!», propos recueillis par Yvette Romi, *La Gazette de Lausanne*, 12-13 septembre 1970. Texte reproduit dans *François Truffaut : les années Doinel,* dossier du Centre d'Information Cinématographique de l'Institut Français de Munich.

2. « *To be or not to be* : sauver sa peau, un leitmotiv truffaldien», Hélène Georgesson, *Les Inrockuptibles*, n° 249, 27 juin 2000.

3. *Le Cinéma selon François Truffaut,* textes réunis par Anne Gillain, Flammarion, Paris, 1988, p. 281.

4. André Gide, *Journal, 1926-1950,* t. II, Gallimard, «Bibliothèque de la Pléiade», Paris, 1947, p. 213.

les personnages truffaldiens, en lutte avec eux-mêmes, se révèlent incapables d'aller au bout de leurs actions. Quoi de plus normal ? Si « toute vie est un processus de démolition », elle est, par essence, dégueulasse. Les derniers mots d'*À bout de souffle*[1] résument tout : « Qu'est-ce que c'est, dégueulasse ? »

Dernière « aventure Doinel » dont le tournage fut interrompu par la maladie, *Le Journal d'Alphonse* laisse donc la parole à Alphonse, fils d'Antoine Doinel (Jean-Pierre Léaud) et de Christine Darbon (Claude Jade). L'adolescent rédige un journal intime cinématographique qui dessine en filigrane le motif de la paternité : si le spectateur connaît et reconnaît Antoine à travers Alphonse, cette familiarité souligne aussi qu'Alphonse est plus érudit[2], plus excessif et plus romantique que son père, même s'il partage sa fragilité[3].

---

1. Film de Jean-Luc Godard, scénario de François Truffaut, 1959.
2. Antoine Doinel utilise ainsi beaucoup de vocabulaire argotique, ce que ne fait pas Alphonse (« L'argot dans les films de Truffaut. Une étude sémiotique », Gilles Gusse, *Cahiers de sémiologie*, 1996, n° 220, pp. 32-44).
3. « La figure absente. Le père dans la filmographie de Truffaut », Serge Miller, *Nouvelle Revue de psychanalyse*, n° 618, août 1987, pp. 45-51.

Qu'est-ce que la filiation ? Question complexe à laquelle *Le Journal d'Alphonse* répond avec une feinte légèreté, faisant revivre au spectateur, cette fois à la première personne du singulier, par la voix off, les mêmes souffrances amoureuses vécues vingt ans plus tôt par Antoine Doinel lors de son « éducation sentimentale ». Cette filiation se prolonge chez les acteurs. Jean-Pierre Léaud interprète le rôle de Frédéric Moreau dans *L'Éducation sentimentale* de Marcel Cravenne[1]. Stanislas Merhar, que Truffaut, comme avant lui Léaud, a découvert adolescent pour *Le Journal d'Alphonse,* joue Adolphe dans le long métrage éponyme du cinéaste Benoît Jacquot, héritier de la Nouvelle Vague[2].

« On est le père et la mère de ses œuvres[3] », déclare François Truffaut. Car, chez le cinéaste, les mots se recyclent et forment une famille[4]. Ainsi, dans

---

1. Série télévisée adaptée du roman de Flaubert par François-Régis Bastide (1973).

2. *Adolphe,* film de Benoît Jacquot adapté du roman éponyme de Benjamin Constant (2002). Voir également « La nouvelle Nouvelle Vague », Samson Fainsilber, *Libération*, 30 octobre 2002.

3. France Culture, *L'Invité du lundi,* 5 mai 1975, archives INA.

4. Sur la récurrence truffaldienne des noms et prénoms d'un film à l'autre, voir « De Marion à Blady. Prénoms et patronymes dans l'œuvre de François Truffaut », Pascale Brillet-Dubois, Actes du Colloque de l'Université de Lyon-II, mai 2002, pp. 56-72.

La Nuit américaine, Julie, interprétée par Jacqueline Bisset, proteste quand Ferrand, le réalisateur joué par Truffaut lui-même, lui donne à la dernière minute ses propres mots pour texte[1] :

> JULIE (lisant). « ... Je suis décidée, je vais vivre seule. Je sais que la vie est dégoûtante. »
> (Julie relève le visage.)
> JULIE. Eh bien, celui-là, il ne perd pas le nord !

De même, le sermon de Christine (Claude Jade) dans *Le Journal d'Alphonse* : « Tu sais, Alphonse, contrairement à ce que prétend ton père, la vie n'est pas un roman. Chaque personne est un couple qui ne cesse de se disputer. On casse des vases, on brise de la vaisselle, on se dit des insanités, on s'exècre, on se méprise, mais on finit toujours par faire la paix. Alors, tu comprends, se couper les veines, ce n'est pas la règle du jeu. C'est une chance que Luca t'aie trouvé. La vie est dure, Alphonse, mais elle est belle, puisqu'on y tient tellement. » Rappel du monologue de l'instituteur dans *L'Argent de*

1. François Truffaut, *La Nuit américaine*, Seghers/Cinéma 2000, Paris, 1974, p. 139.

poche : « La vie est dure, mais elle est belle, puisqu'on y tient tellement.Il suffit qu'on soit obligé de rester au lit pour s'apercevoir qu'on aime vraiment beaucoup la vie. »

Recyclage de textes, auto-citations et références en miroir : chez François Truffaut, l'existence est comme la famille, elle se fabrique[1]. Elle est « une joie et une souffrance ». Et si elle est dégoûtante, elle vaut le coup d'être vécue.

1. *De l'autre côté du miroir : les références cinématographiques de François Truffaut,* Hokaku Nikonda, éd. Chuo Koron-Sha, Tokyo, 1995.

François Truffaut sur le tournage du *Journal d'Alphonse*.

LÉAUD LE KID

Le Kid ou, selon Truffaut, « les rires, les pleurs, la danse, la nourriture, la survie, la rue et même la paternité[1] ». Ce long métrage de Chaplin touche à tout ce qui l'intéresse : un gosse (Jackie Coogan), abandonné par sa mère, est recueilli par un mendiant, *The Tramp* (Charlie Chaplin), qui se retrouve soudain père. Cette problématique ressemble à celle de Doinel; pour Truffaut, la famille est avant tout imaginaire et, par extension, incarnée par la pellicule : «Filmer Antoine Doinel rejoint l'album de famille et le soin avec lequel on consigne ses photos[2].» Des *Quatre Cents Coups* au *Journal d'Alphonse*, le cinéaste filme donc «un physique en transformation» comme un père le ferait avec son fils : en vingt-cinq ans, devant la caméra, Antoine devient un homme,

1. *Truffaut par Truffaut, op. cit.*, p. 214.
2. *Les Matinées de France Culture*, 7 octobre 1970, Archives INA.

puis un époux, puis un père. C'est toute la force de Léaud de réconcilier miraculeusement le temps cinématographique et le temps réel[1]. « Lorsqu'on a la chance d'avoir filmé quelqu'un à l'âge de treize ans et demi, dix-neuf ans, vingt-quatre ans, vingt-huit ans, et qu'on le reprend à trente-trois ans, on a entre les mains un matériel qui est précieux, pas gai parce que la transformation physique de quelqu'un n'est pas forcément exaltante, mais riche quand même[2]. » Du *kid* à l'adulte, du gosse au père de famille, d'Antoine à Alphonse, voilà l'histoire des Doinel[3].

François Truffaut est donc particulièrement attaché aux moindres chutes de pellicule comme à leur album de famille. « Lorsqu'un film est terminé

---

1. Interviewée sur François Truffaut, Isabelle Adjani explique que dans *L'Histoire d'Adèle H.* : « Il voulait filmer un visage et un corps en transformation. C'est peut-être ce qu'il a voulu faire avec Jean-Pierre Léaud... Je crois que dans un film, il ne l'avait jamais fait avec une femme » (« Focus Truffaut », *Cinématographe*, n° 105, décembre 1984, p. 23).
2. *Truffaut par Truffaut, op. cit.*, pp. 165-166.
3. « Ce qui rend les Doinel touchants pour le public, c'est qu'il les voit grandir avec lui. C'est pourquoi je dis que ce métier est une sérénade à trois : il n'y a pas un metteur en scène et son film, mais un metteur en scène, son film et le public », déclare François Truffaut à un journaliste d'*El Pais,* Ernesto Alonso (« Les Doinel : une sérénade à trois », traduit par Miranda Falbalas, *Truffaut et son public*, collectif dirigé par Jean-Louis Bory, Gallimard, Paris, 1971).

depuis plusieurs mois, le laboratoire téléphone à la production pour obtenir l'autorisation de détruire la pellicule non utilisée dans le montage final : les "doubles", les "chutes" qui, roulées dans des bobines en métal, encombreraient les blockhaus. Pour la plupart de mes films, je donne facilement cette autorisation, pour le cycle Doinel je ne m'y résous pas, car j'ai l'impression que la pellicule consacrée à Jean-Pierre Léaud et le fixant chaque fois dans une étape différente de son développement physique est plus précieuse[1].» Cette citation prendra toute son importance quand seront retrouvés les rushes du *Journal d'Alphonse.* C'est au cours de l'année 1992, à la création d'un nouveau laboratoire spécialisé, que la société Éclair renvoie aux Films du Carrosse plusieurs bobines en copie trente-cinq millimètres. Elles constituent *Le Journal d'Alphonse,* suite de *L'Amour en fuite* et prolongement inattendu du cycle Doinel à travers le fils d'Antoine, Alphonse. D'un *kid* à l'autre.

Évidemment, cet album cinématographique n'est pas celui d'une famille modèle. S'inspirant de Lubitsch, Hawks et McCarey, François Truffaut

1. « Qui est Antoine Doinel ? », François Truffaut, *Le Plaisir des yeux, op. cit.,* pp. 32-33.

fustige les dysfonctionnements du couple moderne[1]. « Antoine Doinel n'est pas un personnage exemplaire. Il avance dans la vie comme un orphelin et cherche des familles de remplacement[2]. » Il ne sait pas plus être père que détective privé : « Inconsciemment, on est arrivé à une somme d'impossibilités avec Antoine Doinel. Il ne peut pas conduire une voiture, il ne peut pas commander à des gens, il ne peut pas faire de sport, *il ne peut pas être père*… Il n'y a chez lui que des restrictions, très peu de choses positives… une espèce de solitude, peuplée évidemment de présences féminines, mais il n'y a pas beaucoup de contacts avec les hommes[3]… » Pour Truffaut, en ce sens, Antoine n'a pas gagné en maturité avec les années, il n'est pas devenu adulte. Il est le *kid* éternel.

Alphonse ne s'en sort pas mieux. Et si Antoine Doinel/Jean-Pierre Léaud n'apparaît pas dans les rushes du *Journal d'Alphonse*, c'est qu'il n'est plus le protagoniste de l'histoire. Alphonse fait son éducation sentimentale, seul comme avant lui son père.

1. « Madame et son cow-boy : les Doinel, un couple moderne ? », John Mankind, *Le Nouvel Adam*, 9 octobre 1970.
2. « Qui est Antoine Doinel ? », *op. cit.*, p. 32.
3. François Truffaut, « Comment Truffaut filma vingt ans d'amour », *Le Matin*, 25 janvier 1979, propos recueillis par Michel Perez et Alain Riou. C'est nous qui soulignons.

«Toi au moins, t'es pas le fils du facteur!» résume laconiquement Christine Darbon (Claude Jade). Dans l'album de famille, les photographies consignées sous les feuilles de plastique en disent plus long des absents que des présents. Peut-être est-ce la raison pour laquelle Alphonse a punaisé à son chevet la première phrase d'*Anna Karénine* qu'on lit distinctement en arrière-plan, séquences 2, 4 et 5 : «Les familles heureuses se ressemblent toutes, les familles malheureuses sont toutes différentes.»

François Truffaut et Jean-Pierre Léaud sur le tournage de *Domicile conjugal*. © Pierre Zucca.

JE NE SUIS PAS ANTOINE DOINEL

Contrairement aux apparences, François Truffaut ne fait pas une œuvre autobiographique en choisissant la forme du journal avec une voix off qui exprimerait l'écriture à la première personne du singulier[1]. « Suis-je réellement autobiographique ? s'interroge-t-il. On transpose toujours. [...] Dans *L'Amour en fuite*, Jean-Pierre Léaud a un fils de Claude Jade. Pourquoi un garçon ? Probablement parce que j'ai deux filles. La première s'appelle Laura, tout le monde croit que c'est à cause du film d'Otto Preminger. La deuxième s'appelle Éva et tout le monde pense à Losey. Mais je voulais en

1. « Dans mes films, je ne suis pas un personnage, mais tous les personnages. Vous comprendrez pourquoi on ne peux pas dire qu'ils sont 100 % autobiographiques ! » (« Pourquoi je joue dans mes films », Peter Marcotin, *Le Monde,* 13 août 1978.)

réalité l'appeler Alphonsine. J'ai eu moins de courage que Jean-Pierre dans le film qui appelle son fils Alphonse[1].» Et Truffaut conclut lors d'un entretien sur France Culture : «Contrairement à Flaubert, je ne suis pas Emma Bovary, ce qui ne m'empêche pas d'aimer Antoine Doinel. Sauf que je ne mange pas avec lui, que je ne dors pas avec lui et que je ne fais pas l'amour avec lui[2].»

Cette problématique de l'autobiographie n'est pas nouvelle. Des *Quatre Cents Coups* au *Journal d'Alphonse*, ce sont toujours les mêmes questions que l'on pose à François Truffaut, lequel répond invariablement : «Tous ceux qui ne me connaissent pas trouvent qu'Antoine Doinel me ressemble[3].»

Si, dans le cycle Doinel, Jean-Pierre Léaud avance en âge et nourrit son personnage, Antoine reste cependant un compromis entre le cinéaste et son acteur[4]. «J'ai choisi Jean-Pierre Léaud pour interpréter Antoine Doinel, et pourtant j'aurais pu trouver

---

1. «François Truffaut : L'adultère, c'est terrible !», *op. cit.*
2. *Les matinées de France Culture*, 9 octobre 1983, Archives INA.
3. «Gros plan sur François Truffaut», Bertrand Ratier, *Libération*, 6 août 1983.
4. Voir «Jeux de fils : la marionnette et le marionnettiste. François Truffaut et ses acteurs», Robert Tisdalle, *Cinématographe*, n° 105, pp. 53-65.

un autre garçon plus proche de moi, plus humble que Jean-Pierre, qui était assez arrogant, effronté, mais Jean-Pierre est presque un sujet de film à lui tout seul. On dit que c'est un autre moi-même. Oui et non. Le personnage de Doinel est vraiment entre nous deux[1]. » Non seulement « je » n'est pas Truffaut, mais Antoine n'est pas Truffaut, mais Alphonse n'est pas Truffaut. Et « si le jeune Antoine Doinel ressemble parfois à l'adolescent turbulent que je fus, ses parents ressemblent surtout aux familles qui s'affrontaient dans les émissions de T. V. "Si c'était vous" que Marcel Moussy écrivait[2] ».

Naturellement, la forme du journal peut prêter à confusion. Le « je » de François Truffaut est pourtant plus universel que singulier, plus archétypique que subjectif. Comme le souligne Jacques Doniol-Valcroze, « le problème n'est pas de savoir si son héros Antoine c'est lui, ou si ce n'est pas lui. L'important, c'est que cet Antoine existe avec une vérité surprenante et cette continuelle sur-authenticité qui nous fascine pendant toute la projection n'exclut ni

---

1. « François Truffaut : L'adultère, c'est terrible ! », *op. cit.*
2. François Truffaut, « Je n'ai pas écrit ma biographie en 400 coups », *Arts*, 3 mai 1959. Texte repris dans *François Truffaut : les années Doinel, op. cit.*

l'humour, ni la fantaisie, ni la poésie, ni la qualité "dramatique" du récit cinématographique et la force de sa progression[1] ». L'association spontanée que fait le spectateur entre Jean-Pierre Léaud, François Truffaut et Antoine Doinel favorise encore la confusion[2]. Jacques Rivette a souligné ainsi que le classicisme de Truffaut est universaliste : « Parlant de soi, il semble aussi qu'il parle de nous : c'est le signe de la vérité, et la récompense du vrai classicisme, qui sait se limiter à son objet, mais le voit brusquement couvrir tout le champ des possibles[3]. »

La confusion acteur/réalisateur/spectateur va plus loin encore : Truffaut raconte plaisamment que, lorsque Jean-Pierre Léaud a vu *Domicile conjugal*, ça lui a fait un choc. « Il faut que je me conduise mieux », dit-il. Truffaut lui répond alors : « Ce n'est pas toi, c'est le personnage. » Et Léaud : « Oui, mais tout de même[4]... »

1. Jacques Doniol-Valcroze, *op. cit.*
2. « La confusion des sens chez le spectateur. Une étude sémiologique du cycle Doinel », Patricia Doguet, *Revue de sémiologie comparée*, hiver 1992, pp. 42-54.
3. Jacques Rivette, « Du côté de chez Antoine », *Cahiers du cinéma*, mai 1959, n° 95.
4. « François Truffaut : L'adultère, c'est terrible ! », *op. cit.*

EST-CE BIEN RAISONNABLE ?

« Est-ce bien raisonnable ? » C'est la question que Delphine pose après l'amour dans *L'Homme qui aimait les femmes*[1]. Comme souvent chez Truffaut, elle est moins légère qu'il n'y paraît. Georges Perec le décline dans *L'Infra-ordinaire* : « Qu'y a-t-il sous votre papier peint ? Combien de gestes pour composer un numéro de téléphone ? Pourquoi ? Pourquoi ne trouve-t-on pas de cigarettes dans les épiceries ? Pourquoi pas[2] ? » Si ce chapelet de questions étonne, c'est qu'on n'interroge pas assez le quotidien. En les recopiant dans l'un de ses énormes dossiers[3], méthodiquement classés dans son bureau des Films du Carrosse, Truffaut pose la question du journal par excellence : que faut-il y consigner, parmi les innombrables événements journaliers ?

---

1. Delphine Grezel est interprétée par Nelly Borgeaud.
2. Georges Perec, *L'Infra-ordinaire*, Seuil, Paris, 1989, p. 11.
3. Inventaire des archives de François Truffaut, BiFi, Fonds Truffaut, volume III, TRUFFAUT 318 B154.

Dans le *Journal du voleur* qu'affectionnait François Truffaut, Jean Genet prêtait aux événements les plus infimes un aspect spectaculaire : « J'eus la révélation d'une connaissance absolue en considérant, selon le détachement luxueux dont je parle, une épingle à linge abandonnée sur un fil de fer. L'élégance et la bizarrerie de ce petit objet connu *m'apparurent sans m'étonner.* [...] Le lecteur devine comme une telle attitude pouvait être dangereuse dans la vie que je menais, où je devais veiller chaque minute, risquant d'être pris si je perdais de vue le sens usuel des objets[1]. » Si l'écriture semble ici une prise de risque, elle est égoïste, elle n'établit en aucun cas un lien avec autrui. Comme le souligne François Truffaut en marge de son exemplaire des *Fragments* de Barthes[2] : « L'écriture ne compense rien, ne sublime rien. On n'écrit pas pour l'autre, et ces choses qu'Alphonse écrit ne le feront jamais aimer de Marion. » Le journal est-il raisonnable ? Truffaut semble soulever ce problème dans des notes de travail[3] où il recense les microscopiques événements de la vie d'Alphonse :

---

1. Jean Genet, *Journal du voleur,* Gallimard, « Folio », Paris, 2002, p. 146.
2. Roland Barthes, *Fragments d'un discours amoureux,* « Tel Quel », Éditions du Seuil, Paris, 1977, p. 11.
3. Recueil de notes sur feuilles volantes tapées à la machine, BiFi, Fonds Truffaut, vol. III, TRUFFAUT 326 B174.

Luca apporte un livre à Alphonse. Celui-ci lit à voix haute, tout en marchant dans les rues de Paris, s'adressant aux passants, aux commerçants, aux enfants qu'il croise et qui le regardent, étonnés : « Un mandarin était amoureux d'une courtisane. "Je serai à vous, dit-elle, lorsque vous aurez passé cent nuits à m'attendre assis sur un tabouret, dans mon jardin, sous ma fenêtre." Mais, à la quatre-vingt-dix-neuvième nuit, le mandarin se leva, prit son tabouret sous le bras et partit. » Je me demande bien ce que ça veut dire, commente Alphonse. Il entre alors dans une cabine téléphonique pour appeler son père, laissant un message sibyllin sur le répondeur.

Alphonse fait la queue dans une papeterie pour acheter des mains de papier. Devant lui, une mère de famille lit une histoire drôle à son enfant : « C'est une fillette qui achète des bonbons dix centimes et qui les revend dix centimes. La maîtresse lui dit : "Il ne faut pas les vendre au même prix !" La petite fille répond : "Je sais, mais je les lèche avant". »

Alphonse commence un journal. Il veut qu'il soit exhaustif. Il doit noter tout ce qui se passe autour de lui, même ce qui est insignifiant. Il n'y arrive pas. Ou les gens parlent trop vite, ou il n'écrit pas assez vite. Il se balade partout avec un carnet. Il prend des notes à la boulangerie en achetant un croissant. Il a même un procédé pour

continuer dans sa douche, grâce à un tableau blanc et des feutres effaçables.
Finalement, il s'enferme dans sa chambre. Comme ça, il a moins de choses à raconter, mais au moins, il peut les raconter. Il montre à Luca un énorme tas de feuilles manuscrites biffées et raturées. Une engueulade éclate quand Luca propose à Alphonse d'aller au cinéma. Alphonse refuse car il n'y a pas assez de lumière. « Pour quoi faire ? » demande Luca. « Parce qu'on ne peut pas prendre de notes dans le noir », réplique Alphonse.
Deux jours plus tard, la pile de feuilles a considérablement augmenté, mais Alphonse a mauvaise mine.
— Quel soleil ! lance Luca en entrant dans la chambre d'Alphonse.
— Oh ! Épouvantable !
— Évidemment, dans ton trou !
— Moi, je lis !
— Moi aussi, je lis ! J'ai même appris un truc sur la lecture qui pourrait t'intéresser.
— Dis toujours.
— Il n'y a pas assez de mots dans tout Shakespeare pour exprimer l'expérience d'un homme durant une heure.
Alphonse reste dubitatif pendant quelques secondes.
— Si tu le dis...
Alphonse, qui en avait marre, lance alors son journal par la fenêtre et les feuilles sont balayées par le vent. Luca fait mine de rien.
— On y va ?

Cette scène aborde un thème truffaldien par excellence, celui du réel concurrencé par la fiction. Le journal d'Alphonse retranscrit la vie d'Alphonse, il est le miroir d'Alphonse, les mots sont la chair d'Alphonse, l'encre devient le sang d'Alphonse, mais les feuilles en s'envolant libèrent l'adolescent qui, délaissant la fiction de l'écriture, revient alors au réel[1]. Treize ans plus tôt, François Truffaut déclarait à *Télé-ciné* : « J'ai toujours préféré le reflet de la vie à la vie elle-même. Si j'ai choisi le livre et le cinéma dès l'âge de onze ou douze ans, c'est bien parce que j'ai préféré voir la vie à travers le livre et le cinéma[2]. »

D'où l'importance des portes, des miroirs, des vitres, de l'écran et du cadre à l'intérieur du cadre dans l'œuvre de Truffaut. À travers eux, la relation à l'autre, même la plus infime ou la plus ordinaire, apparaît tissée d'incompréhension. Le professeur Itard dans *L'Enfant sauvage* observe son jeune élève dans le jardin à travers les croisées de son bureau ; Mathilde surveille par la fenêtre les allées et venues de son amant dans *La Femme d'à côté*; dans l'agence

1. « L'encre, la pellicule et le sang : la chair des films de François Truffaut », Pénélope Massot, *Cahiers du cinéma,* numéro spécial, octobre 1994, pp. 25-29.
2. *Télé-ciné*, n° 160, mars 1970, p. 3.

de détectives de *Baisers volés* où travaille Antoine, les portes ouvertes permettent d'introduire en arrière-plan une série de saynètes parallèles à la scène principale. Antoine avoue ainsi hors champ au directeur de l'agence Blady qu'il a couché avec Fabienne Tabard, alors que le vieux détective Henri téléphone, qu'une employée essaie une perruque et qu'une secrétaire s'active. Toujours hors champ, Blady hurle : « Qu'est-ce que je vais dire à monsieur Tabard, qu'il a payé trois cent mille balles pour être cocu ? » Henri tombe raide mort de sa chaise. Cette scène illustre le traitement faussement banal d'un drame (la mort soudaine d'Henri qui escamote le renvoi houleux d'Antoine). Si Rohmer est l'entomologiste du vivant, Rivette le cinéaste des abîmes théâtraux, « le domaine privilégié de Truffaut n'est ni la sociologie ni la réflexion sur l'écriture, mais le monde des sentiments[1] ». L'infra-ordinaire est aussi la matière du journal qu'écrit Alphonse, journal… qui s'envole[2].

---

1. « Truffaut ou la traversée de l'indécence », Francis Desbarats, *Cinéma*, numéro spécial, n° 84, décembre 1984, p. 15.
2. Filant la correspondance truffaldienne encre/sang, cette scène rappelle celle de *L'Histoire d'Adèle H.*, quand, prétendant être enceinte, Adèle dévoile le coussin qu'elle cache sous son ventre au lieutenant Pinson et, le crevant, laisse s'envoler les plumes blanches, comme ici les feuilles du journal d'Alphonse.

Dans l'œuvre de Truffaut, littérature et cinéma se mêlent inextricablement. D'où le thème de la littérature concurrençant le réel, qui engendre naturellement un ballet de citations et de références — l'intertextualité. « Les films de Truffaut fonctionnent à de multiples niveaux, bien que le cinéaste les réalise avec un semblant de grande facilité. Les citations dans les films ne sont pas évidentes d'emblée. Elles y sont des dividendes[1]. » La trame des événements quotidiens dissimule un dispositif[2] qui n'est spontané qu'en apparence. Ainsi, dans *La Peau douce*, Jean Desailly aperçoit sa secrétaire qui se tient dans une autre pièce grâce à un jeu de glaces. « Le miroir s'acquitte ici d'une des fonctions qui lui reviennent dans la vie courante, il élargit le champ en "découvrant" un espace à la fois proche et séparé[3]. » Ce jeu d'illusions rappelle ainsi au spectateur qu'il se trouve devant un écran, l'écran de cinéma[4]. Il existe

---

1. *The New York Times*, 14 septembre 1975.
2. Ce terme signifie à la fois dissimulation de l'espace au spectateur (jeux de miroirs, vitres, vitrines, portes vitrées, etc.) et mode d'exposition de la scène
3. Christian Metz, *L'Énonciation impersonnelle ou le Site du film*, Méridiens Klincksieck, Paris, 1991, p. 80.
4. Notons le parallèle entre l'image cinématographique et la peinture. L'historien de l'art André Chastel, évoquant la silhouette en arrière-

en quelque sorte un « contrat » tacite entre le spectateur qui assiste à une fiction (questionnant par là même les techniques de trucage, la vraisemblance des costumes et des situations, le jeu des acteurs...) et le réalisateur qui construit cette fiction[1] — contrat merveilleusement respecté par Truffaut.

Est-il alors surprenant que le journal s'envole ? François Truffaut vivait ses films comme un engagement total, à la vie, à la mort. Il aimait cette formule de Bergman : « Je tourne chaque film comme si c'était le dernier[2]. » Les papiers, il les conservait dans des dossiers très épais, méticuleusement classés. Mais les feuilles du journal d'Alphonse s'échappent comme la vie elle-même. François Truffaut est alors à la fin de son existence. Quelques années plus tôt, dans une lettre à Jacques Doillon datée du 21 septembre 1979, il écrivait : « Tout au long de notre vie, nous devenons

---

plan dans *Les Ménines* de Vélasquez, souligne sa valeur formelle : « Elle permet d'attirer l'attention sur un message, une apparition, une silhouette prise entre le dehors et le dedans » (*Fables, Formes, Figures,* t. II, Flammarion, Paris, 1978, p. 150). Selon André Chastel, un tableau-dans-le-tableau constitue « une maquette de réduite de sa structure ou un scénario de sa production » *(ibid.*, p. 75).

1. Voir Pascal Bonitzer, *Le Regard et la Voix,* 10/18, Paris, 1976, p. 10.

2. « Une dernière question », Jean Collet, *Cinéma,* numéro spécial, n° 84, décembre 1984, p. 11.

des personnes différentes et successives, c'est ce qui rend tellement étranges les livres de souvenirs. Une personne ultime s'efforce d'unifier tous ces personnages antérieurs[1]. »

Comme dans le cycle Doinel, la pellicule fait revivre dans le temps le personnage d'Antoine. Et de même, le journal intime souligne cette étrangeté de soi à soi. « Est-ce bien raisonnable ? » Si le journal d'Alphonse s'envole, mettant un point d'arrêt à cette expérience limite (non pas l'acte d'amour comme dans *Une belle fille comme moi*, mais cette fois l'amour de l'écriture), il y aura toujours mille autres façons de vivre par procuration, car les films, eux, ne s'envolent pas.

---

1. « Petits papiers sur la *Correspondance* », Gilles Ciment, p. 70, *Les 400 Couples de François Truffaut*, Les Cahiers du 7e art, Bibliothèque André-Malraux, Paris, 1988, p. 70.

Un matin,ALPHONSE finit un devoir
d'anglais à la dernière minute,dans
l'escalier. Il n'y arrive pas.Il est
distrait.Il regarde les mouches voler.
Quand il commence enfin à écrire
fièvreusement,on s'aperçoit par un insert
cam'ra qu'il s'agit d'une lettre d'amour
à Marion. Une fois terminé ,il arrache
la page de son cahier et la fourre dans
sa poche. Neuf heures ont sonné. Ilest
en retard,il dévale les escaliers.

Note de François Truffaut pour *Le Journal d'Alphonse.*

LES SOUFFRANCES
DU JEUNE ALPHONSE

« J'avais vingt ans et je ne laisserai personne dire que c'était le plus bel âge de la vie. » François Truffaut cite Paul Nizan[1]. L'adolescence est en effet « l'âge des premiers conflits entre les idéaux et les impuretés de la vie ». Elle « apporte le désir d'indépendance, le sevrage affectif, les premières curiosités sexuelles ». Elle est un âge radical, excessif, combatif :

Ici souffrit le pauvre Antoine Doinel
Injustement puni par Petite Feuille
Pour une pin-up tombée du ciel...
Entre nous ce sera œil pour œil, dent pour dent[2]

---

1. *L'Avant-Scène*, n° 121, 1972, cité par François Guérif dans *François Truffaut*, Édilig, Paris, 1988, p. 25.
2. Dans *Les Quatre Cents Coups*, Antoine est surpris par le professeur avec une image de pin-up, et puni. Envoyé au coin, il inscrit sur le mur un quatrain de son cru.

François Truffaut explique ce côté fin de monde en citant souvent cette phrase de Cocteau tirée des *Enfants terribles* : « La peine de mort n'existant pas dans les écoles, on renvoya Dargelos. » Dans l'enfance comme dans l'adolescence, tout est tragique. Ainsi ne s'agit-il pas dans *Les Quatre Cents Coups* de « dépeindre l'adolescence du point de vue habituel de la nostalgie sentimentale, mais de la montrer comme l'expérience douloureuse qu'elle est[1] ». L'adolescence, pas plus que l'enfance, n'est enviable. « Nous sommes aujourd'hui le 21 mars 1949, j'ai donc 17 ans 1 mois 15 jours. J'ai mangé presque tous les jours, j'ai dormi presque toutes les nuits, j'ai à mon avis trop travaillé, je n'ai pas eu assez de satisfaction ni de joies [...] J'essaie de me tenir peinard, à l'écart de tout ce qui fait trop de bruit. [...] C'est là toute mon aventure. Elle n'est ni gaie ni triste, elle est la vie. Je ne fixe pas longtemps le ciel, car lorsque mes yeux reviennent au sol, le monde me paraît horrible[2] », écrivait François Truffaut dans un devoir de français.

1. Cité par Annette Insdorf dans *François Truffaut. Les Films de sa vie*, Gallimard, « Découvertes », Paris, 1996, p. 18.
2. « Racontez la plus belle ou la plus triste aventure de votre vie », Archives des Films du Carrosse, cité par Antoine de Baecque, Serge Toubiana dans *François Truffaut*, Gallimard, Paris, 2001, pp. 67-68.

L'adolescence vue par Truffaut n'a rien de commun avec la jeunesse dorée, insouciante, dépeinte par Marcel Carné dans *Les Tricheurs* (1958). Dans la mouvance de la Nouvelle Vague, *Le Journal d'Alphonse* se rapproche plutôt de *La Boulangère de Monceau* (1962), premier des six *Contes moraux* d'Éric Rohmer. Le réalisateur y explore les balancements du désir, le marivaudage et la déconvenue amoureuse. Chez Truffaut, on joue avec la même légèreté, mais c'est à la vie, à la mort. En ce sens, l'adolescence est plus tragique que l'âge adulte. Et les héros truffaldiens sont plus graves à quinze ans qu'à vingt-cinq. « L'adolescence ne laisse un bon souvenir qu'aux adultes ayant mauvaise mémoire[1] », résume François Truffaut.

Les souffrances d'Alphonse sont exposées à travers un jeu d'esquive amoureuse aussi insouciant que la leçon d'Antoine dans *Baisers volés* : comment étaler du beurre sur une biscotte sans la casser ?

ALPHONSE (exalté). Est-ce que l'amour fait mal, Aline ?

ALINE. Alphonse !

ALPHONSE. Alors, regarde !

---

1. François Truffaut, « Je n'ai pas écrit ma biographie en 400 coups », *Arts*, 3 juin 1959.

PAUL. Merde !

ALINE (stupéfaite). Ah ! La vache !

Dans cette micro-société, les règles sont plus cruelles qu'il n'y paraît. Comme dans *La Règle du jeu* (1939) de Renoir inspirée de Beaumarchais, chacun brigue la place de l'autre. Truffaut reconnaît aisément sa dette : « Renoir, c'est la grande influence, probablement parce qu'il est français, le plus français des cinéastes français et le plus intéressant des metteurs en scène français. [...] Avec des personnages très familiers, proches de nous, dont les mobiles sont compréhensibles, avec [...] un dialogue très près de la vie. Pour ces raisons, pour la vérité avec laquelle il a traité des relations entre les hommes et les femmes, Renoir est le dénominateur commun de tous les jeunes cinéastes aujourd'hui, pas seulement en France[1]. »

ALPHONSE (off). Paris, le 12 juillet 1982. Marion aime Patrick. Patrick sort avec Julie, mais il aime Aline. Aline sort avec moi ; moi, j'aime Marion qui sort avec Paul, un jeune homme au pair, pâle, venu d'Angleterre

---

1. *Aline Desjardins s'entretient avec François Truffaut*, Ramsay, Paris, 1987, p. 35.

`par bateau. C'est l'été. Nous nous donnons rendez-vous au lever du jour, à l'est de la tour Eiffel, Paul récite Shakespeare en anglais, mais personne ne comprend. C'est l'âge où tout peut arriver, où l'on peut mourir d'amour ou devenir boucher, attraper une pneumonie, s'éprendre d'une femme mariée, sauter d'un pont pour épater une fille, un jour magique et ensoleillé, comme ça!`

La première séquence du scénario campe un groupe d'adolescents dont les désirs, à la façon de Renoir, sont liés. De même que *La Règle du jeu* laisse apercevoir les arrière-plans, les profondeurs de champ du *Journal d'Alphonse* mettent en contrepoint l'adolescent, au premier plan, avec le groupe dans lequel il s'intègre tant bien que mal. Car les rapports de cette microsociété, derrière une apparence policée, sont radicaux et violents. Ils rejouent en filigrane le *Werther* de Goethe, référence récurrente chez Truffaut. Mais comme chez *Le Jeune Werther* (1992) de Jacques Doillon, les adolescents ont leur propre langage, bien contemporain. En ce sens, Werther est un référent romantique sur la violence intransigeante des passions adolescentes et sur le thème de l'amour à mort, mais pas davantage.

La violence, la radicalité des passions invitent également à un rapprochement au premier abord incongru entre Truffaut et Murnau[1]. « Dans *L'Aurore*[2], Murnau met en récit la question : "Comment survivre à la tentation ?" Son héros est un amant qui hésite entre deux modes d'existence, plutôt qu'entre deux femmes. [...] Les événements violents et amoraux du film, l'adultère, le désir de meurtre, la noyade, etc. n'ont pas altéré les êtres, pures figures restées indemnes[3]. » Dans *Le Journal d'Alphonse*, l'adolescent apparaît de même comme un puriste malmené par les passions, un mouvement caractéristique du cinéma truffaldien, que ce soit dans *Jules et Jim*, *L'Histoire d'Adèle H.*, *La Peau douce* ou *Les Deux Anglaises et le Continent*.

---

1. Marie-Anne Guérin, *Le Récit de cinéma*, Cahiers du cinéma, Paris, 2003, pp. 33-34.
2. Dans *L'Aurore* de Murnau (1927), un fermier amoureux d'une femme de la ville décide de noyer son épouse. Il se ravise au dernier moment, puis tente de rassurer sa femme effarée. Ils se réconcilient alors et s'en retournent par bateau. Mais celui-ci fait naufrage et l'épouse n'est pas retrouvée. Désespéré, le fermier tente d'étrangler sa maîtresse qui finalement en réchappe, et l'épouse est finalement retrouvée vivante. Le couple finit sa vie heureux.
3. Marie-Anne Guérin, *op. cit.*, pp. 33-34.

Ajouter séquence 18

PAUL. Tu ne prends pas Alphonse au sérieux...

MARION. Alphonse, tu sais, il peut très bien traverser l'Atlantique en avion ,et puis il change d'avis ,il décide de traverser les Champs-Elysées hors des clous, et il croit que c'est pareil.Il mélange tout. Tu ne devrais pas accorder trop d'importance à ce qu'il raconte.

Note de François Truffaut pour *Le Journal d'Alphonse.*

À l'écran, cette confusion des sentiments se manifeste à travers l'effervescence des personnages. La définition donnée par Roland Barthes dans *Fragments d'un discours amoureux* apparaît ici particulièrement pertinente. « *Dis-cursus*, c'est, originellement, l'action de courir çà et là, ce sont des allées et venues, des "démarches", des "intrigues". L'amoureux ne cesse en effet de courir dans sa tête [...] et d'intriguer contre lui-même [...] On peut appeler ces bris de discours des *figures*. Le mot ne doit pas s'entendre au sens rhétorique, mais plutôt au sens gymnastique ou chorégraphique[1]. » Il en va ainsi d'Alphonse lorsqu'il saute dans la Seine, qu'il livre soixante et un lys blancs à Marion en hommage à Balzac, s'ouvre les veines, ou va la relancer chez elle en lui réclamant le tome II de *L'Idiot* ! Au lieu des « aventures Doinel », on pourrait donc parler de « chorégraphie Doinel », ballet de l'amoureux contrarié mais obstiné, mais obsessionnel.

1. Roland Barthes, *Fragments d'un discours amoureux*, *op. cit.*, pp. 7-8.

NI AVEC TOI, NI SANS TOI

« Ni avec toi, ni sans toi » : à la fin du tournage de *La Femme d'à côté*, Truffaut est mécontent d'avoir omis des dialogues la phrase pour laquelle il a précisément réalisé ce film. Suzanne Schiffman lui suggère le prologue et la conclusion de Madame Jouve, et ces six mots emblématiques finissent ainsi en épitaphe. Il s'agit là d'une indication précieuse sur la façon dont travaillait le cinéaste : parmi tous les éléments qu'il réunissait, il en abandonnait certains, essentiels, au profit d'autres à première vue secondaires. Les notes réunies pour *Le Journal d'Alphonse* ne sont en conséquence qu'indicatives.

Chez Truffaut, la porosité des dossiers faisait glisser une scène d'un classeur à l'autre. On prêterait aisément au jeune et romantique Alphonse les mots « ni avec toi, ni sans toi ». Mais dans le dossier du *Journal*, se trouvent surtout des références à Proust sur le thème de la mort. Difficile d'évaluer le devenir de ces citations, néanmoins méticuleusement collectées[1]. « Une étrangère a élu domicile dans mon cerveau. Comme une locataire trop prévenante, elle a tenu à engager des rapports directs avec moi. Je fus surpris de voir qu'elle n'était pas belle. J'avais toujours cru que la mort l'était. Sans cela, comment aurait-elle raison de nous ? » Truffaut a découpé et collé cet extrait[2] en marge duquel il a griffonné : « Alphonse lit Proust[3]. » Dans *Le Journal d'Alphonse*, le dilemme vie-mort, l'impossibilité de vivre « avec ou sans Marion » aboutissent à la tentative de suicide d'Alphonse, traitée de façon elliptique. Un premier indice est donné séquence 3 :

> ALPHONSE (off). 17 juillet 1982. Cette semaine, j'ai travaillé comme livreur chez Monceau Fleurs, aux Batignolles. J'ai porté à Marion 61 lys blancs destinés à un mariage

---

1. Truffaut insiste sur « la vérification par la vie » et lutte systématiquement contre la tendance à l'abstraction (« François Truffaut : Je n'invente jamais rien », *Cahiers de la Société des Amis de François Truffaut*, n° 81, 1979).

2. *Marcel Proust, Essais et Articles.* Citation tirée de l'Inventaire des archives de François Truffaut, BiFi, Fonds Truffaut, volume III, TRUFFAUT 327B172.

3. « Lectures des personnages truffaldiens », Eugène Kaplan, *La Gazette culturelle de Knock-Le-Zout,* n° 315, septembre 1983, p. 25.

en banlieue. J'ai été viré, Marion est tombée malade parce qu'elle est allergique aux fleurs, alors, j'ai voulu mourir. « Certains jours comme aujourd'hui, la vie a si mauvais goût qu'on voudrait pouvoir la cracher[1]. »

Puis il s'ouvre les veines, l'énonçant de façon laconique :

ALPHONSE (off). Je n'y pouvais rien. La vie était dégoûtante. À l'âge où l'on attrape des rougeoles et des scarlatines, moi j'avais choisi le mal de vivre. Alors, comme on crève en douce le chat du voisin, je m'étais ouvert les veines, sans drame, pour en finir.

La voix atone du jeune Stanislas Merhar, retirant tout aspect théâtral à cette scène, fait merveille. Truffaut appréciait la simplicité de jeu, ainsi qu'il l'écrivait dans un texte célèbre à la mort de James Dean : « Il joue autre chose que ce qu'il prononce, il joue à côté de la scène, son regard ne suit pas sa conversation, il décale l'expression de la chose exprimée[2]. » De même, Truffaut recommandait à Stanislas Merhar, qui faisait ses premières armes dans *Le Journal d'Alphonse* : « Je crois, cher Stanislas,

1. André Gide, *Journal*, 3 octobre 1929, *op. cit.*
2. François Truffaut, « James Dean est mort », *Les Films de ma vie*, Flammarion, Paris, 1975, p. 314.

qu'Alphonse a tout à gagner en étant, comme Boudu, maladroit ! Vous avez peut-être lu le scénario, mais Alphonse, lui, ne sait jamais ce qu'il fera dans la seconde qui suit. Alors jouez, mais ne jouez pas au plus malin, ne prétendez pas que vous comprenez mieux que le public ce que vous dites[1]. » Ce jeu vient ainsi soutenir la thèse de Truffaut : la mort n'est pas spectaculaire. Elle a partie liée avec la vie. « Quand un film est complet sur la vie, d'une façon ou d'une autre, la mort est là[2]. »

Cette façon laconique d'évoquer le suicide se retrouve dans une lettre que Truffaut, adolescent, adressait le 21 juillet 1950 à son ami d'enfance Robert Lachenay, y rapportant des faits similaires avec une neutralité et une simplicité émouvantes : « Content de recevoir enfin de tes nouvelles. Depuis ma dernière lettre, bien des événements. Les principaux : il s'en est fallu de peu que je ne sois pas en état de répondre à ta dernière lettre, car j'ai essayé de me suicider et j'ai 25 coups de rasoir dans le bras droit, c'était donc très sérieux. L... a raté son bac, mais pour son

---

1. Lettre inédite de François Truffaut à Stanislas Merhar, 12 juillet 1983.
2. François Truffaut, *Témoignage chrétien,* cité dans « Propos de François Truffaut », Michel Mahéo, *Cinéma, op. cit.*, p. 29.

anniversaire elle et moi avons organisé une grande surprise-partie en face de chez elle [...] Il n'y eut pas assez à boire, il y eut des mécontents [...] Le reste se passa dans le genre de *La Règle du jeu*[1].» On retrouve ainsi dans *Le Journal d'Alphonse* l'amour contrarié, le suicide, les références au film culte de Jean Renoir, l'absence d'effet dramatique. Chez François Truffaut, la mort, contrairement à la vie, n'est jamais théâtrale ; en témoignent ces notes préliminaires :

1) Suicide=monde transi

2) «Marion
Lançant à Alphonse un mot aigre,
Lui rendait pour miel le vinaigre[2]»

3) Alphonse songe à se suicider et imagine son enterrement. Il le voudrait tragicomique, comme Cocteau dépeint la mort de Radiguet : «Les corbillards se rencontrent, comme ce matin rue de la Roquette, où cela avait l'air d'un rêve. Les corbillards cavalcadaient, les deuils se faisaient concurrence, on se trompait de famille.»

---

1. François Truffaut, *Correspondance*, Hatier, Paris, 1988, p. 42.
2. Plagiat d'un poème de Proust cité par Roger Duchêne dans *L'Impossible Marcel Proust*, Robert Laffont, Paris, 1994, p. 761.

De fil en aiguille, Alphonse pense à la mort de Marion et se remémore *Le Diable au corps* : « Je m'inventais un jeu atroce. Quand je saluais un enterrement dans la rue, je me disais : c'est peut-être elle. Je me vengeais ainsi de son abandon. Alice (Marion) morte pour moi, je souhaitais qu'elle le fût pour les autres. J'aurais accepté plus volontiers sa mort que de la savoir vivre avec les autres. D'autres fois, c'est moi que je croyais mort. »

On le voit, la mort fait des allers et retours. Elle est contagieuse. Elle passe d'Alphonse à Marion, de Marion à Alphonse ; elle plane, comme dans *La Sirène du Mississipi*. Mais Alphonse ne prend pas la mort au sérieux. Parce que transi d'amour, il est hors du monde. « Aragon et quelques auteurs pensent que la passion peut durer toujours. Il me semble plutôt qu'elle est un état de crise provisoire qui ne peut se dénouer que par la violence », déclarait Truffaut dans *Le Matin*[1].

Alphonse n'entend pas les conversations autour de lui, qui le distraient de sa seule préoccupation : Marion. Il ne supporte plus l'existence journalière qui n'est qu'ennui et répétition, et n'a ni l'harmonie ni l'intensité des romans. Alphonse juge la vie et la

1. Le 20 octobre 1981.

trouve dérisoire. Il se sent exclu. « Qu'ai-je à faire, écrivait François Truffaut à Robert Lachenay, avec le Portugal, l'amour des chiens ou la dernière *Semaine de Suzette* ? Je vis le monde — l'autre monde — comme une hystérie généralisée[1]. » La scène qui résume le mieux cette situation dans *Le Journal d'Alphonse* est celle du Trocadéro.

> J'ai été viré, Marion est tombée malade parce qu'elle est allergique aux fleurs, alors, j'ai voulu mourir. « Certains jours comme aujourd'hui, la vie a si mauvais goût qu'on voudrait pouvoir la cracher[2]. » En traversant le Trocadéro, on parlait d'amour.

Truffaut dépeint parfaitement l'amoureux transi : « Affronté à l'aventure, je n'en sors ni vainqueur ni vaincu : je suis tragique[3]. » Alphonse/Merhar est donc le héros truffaldien par excellence, et sa passion contrariée se reporte vers la mort. « *Half in love with easeful death* » (Keats). Hémorragie douce, le suicide permet à Alphonse de faire

1. Lettre inédite à Robert Lachenay, non datée.
2. André Gide, *Journal*, 3 octobre 1929, *op. cit.*
3. Lettre inédite à Robert Lachenay, non datée.

disparaître la femme qui l'obsède. Comme s'il voulait témoigner de ses dernières volontés[1], il a placé bien en évidence sur sa table de nuit une photographie d'*Une femme disparaît*[2].

1. Notes de François Truffaut intitulées : « La mort d'Alphonse ». Inventaire des archives de François Truffaut, BiFi, Fonds Truffaut, volume III, TRUFFAUT 326B174.
2. Film d'Alfred Hitchcock, 1938. Ses vacances dans les Balkans terminées, Iris Henderson (Margaret Lockwood) prend le train pour regagner Londres, lorsqu'une avalanche contraint les passagers à passer la nuit dans une auberge. Elle y fait la connaissance de Miss Froy (Dame May Whitty), qu'elle retrouve le lendemain dans son compartiment. Après s'être assoupie, Iris constate à son réveil la disparition de la vieille dame.

Collage de François Truffaut pour *Le Journal d'Alphonse*.
Photo Cinémathèque française.

FADING

Le fading est un rendez-vous raté avec l'amour, une « épreuve douloureuse selon laquelle l'être aimé semble se retirer de tout contact[1] ». Art de l'ellipse, il est au cœur de la Nouvelle Vague : « Le film de demain m'apparaît plus personnel encore qu'un roman, individuel et autobiographique comme une confession ou un journal intime. Les jeunes cinéastes s'exprimeront à la première personne et nous raconteront ce qui leur est arrivé. Cela pourra être l'histoire de leur premier amour ou du plus récent, une prise de conscience devant la politique, un récit de voyage, une maladie, leur service militaire, leur mariage, leurs dernières vacances, et cela plaira presque forcément parce que cela sera vrai et neuf… Le film de demain

1. Roland Barthes, *op. cit.*, p. 129.

sera un acte d'amour." Si le cinéma de Truffaut se veut un acte d'amour, il est d'abord oubli de soi, refus de la complaisance. Comment ne pas sentir que cet art de l'ellipse, de l'accélération, de la reprise, de la syncope, est une fuite en avant, exactement le contraire d'un retour sur soi[1].»

Le fading est un balancement douloureux : amour *versus* indifférence. La voix off d'Alphonse en est le baromètre. Voix sans affectation, comme dans le *Journal d'un curé de campagne* (1951) que Truffaut aimait tant. Dans *Le Journal d'Alphonse*, plusieurs voix se chevauchent et s'intensifient : celle des adolescents, la voix d'Alphonse, l'accent anglais de Paul. Enfin, il y a Marion. Marion, qui semble se retirer, s'esquiver chaque fois qu'Alphonse l'approche, pour reparaître de façon inespérée. «On risque de tout perdre à vouloir trop gagner[2].» Fading.

Après le saut d'Alphonse dans la Seine, Marion lui rend visite en compagnie de son petit ami Paul, lui apportant, railleuse, *L'Idiot* de Dostoïevski. Un peu plus tard, Alphonse rejoue ce saut dans le vide en faisant une tentative de

1. François Truffaut, 1957, commenté par Jean Collet dans les *Cahiers du cinéma,* septembre 1962, n° 135.
2. François Truffaut, dossier de presse d'*Antoine et Colette,* 1962.

suicide; la jeune fille refuse de céder à ce chantage amoureux et part en week-end[1].

CHRISTINE. Aline, Luca, Patrick sont passés. J'ai préféré te laisser dormir.
ALPHONSE. Et Marion?
CHRISTINE. Elle est partie hier en week-end pour la Normandie.
ALPHONSE. La Normandie?
CHRISTINE. Avec Paul...
(Silence.)
CHRISTINE. Tu sais bien, les Anglais ne jurent que par la Normandie!
ALPHONSE. Alors moi, tu vois, la mer, les week-ends de rêve en Normandie, les villages de bord de mer sans librairie, sans bibliothèque, ça me donne envie de vomir!
CHRISTINE (rieuse). Ah! Ben toi, au moins, tu n'es pas le fils du facteur!

Lancée avec dépit par Alphonse, l'avant-dernière réplique rappelle celle de Jean-Pierre Léaud, qui interprète un personnage nommé Alphonse dans *La Nuit américaine* : « Alors, permets-moi de te dire que ton copain photographe, ses petites adresses

1. « François Truffaut. L'amour sans concessions », propos recueillis par Hélène Corby, *Télérama*, n° 1813, 26 avril 1981.

de bistrots avec grillades sur feu de bois au fond de l'arrière-pays, eh bien, il peut se faire un pansement avec[1]...» Ce balancement (fading) entre légèreté et gravité se retrouve à travers la musique, et surtout la chanson[2]. «La fiction a besoin de mélodrame. Si on fait le délicat, on obtient des fictions molles et précautionneuses. Or, j'aime le mélodrame. Les chansons apportent cela avec elles[3].» Le dialogue entre Mathilde et Bernard dans *La Femme d'à côté* témoigne de l'importance de la variété, faussement légère, chez Truffaut[4] :

BERNARD. Je suis content que tu t'intéresses aux nouvelles pour savoir ce qui se passe dans le monde.
MATHILDE. Non, j'écoute uniquement les chansons, parce qu'elles disent la vérité. Plus elles sont bêtes, plus elles sont vraies. D'ailleurs elles ne sont pas bêtes. Qu'est-ce qu'elles disent? Elles disent :

1. François Truffaut, *La Nuit américaine,* Seghers/Cinéma 2000, Paris, 1974, p. 34.
2. *La Chanson dans les films de la Nouvelle Vague*, Pierre Péret, Centre cinématographique de Saint-Tropez, 1982.
3. *Cinéma, op. cit.*, p. 29.
4. «François Truffaut : Pourquoi mes films sont des chansons», Fédération des Films Français, *Cinéma 67*, n° 112.

```
«Ne me quitte pas, ton absence a brisé ma
vie, ou je suis une maison vide sans toi,
laisse-moi devenir l'ombre de ton ombre, ou
bien sans amour on n'est rien du tout.»
BERNARD. Bon, il faut que j'y aille.
```

En ce sens, la chanson qu'Aline fait entendre à Alphonse dans le magasin de disques, *Les pieds dans l'eau* de Mireille, constitue une virgule ironique en pleine tragédie amoureuse.

Fading. Au cours de cette épreuve douloureuse, l'être aimé semble craindre tout contact, tandis que l'être aimant le poursuit assidûment. Isabelle Adjani explique ainsi qu'Adèle n'est pas amoureuse du lieutenant Pinson, «mais de son amour pour lui, de l'idée de l'amour... Truffaut dit que c'est l'histoire d'une idée fixe, l'histoire d'un amour fixé sur le lieutenant Pinson. Adèle a le cœur et le mental pris, figé; et elle gigote à l'intérieur de cette camisole affective[1]».

De même, Marion échappe à Alphonse et semble n'être là que pour lui échapper. Fading. François Truffaut conclut par un proverbe italien : «Qui tient l'anguille par la tête et la femme par la parole peut dire qu'il ne tient rien[2].»

---

1. «Focus Truffaut», *Cinématographe*, *op. cit.*, p. 23.
2. *Le Figaro littéraire*, 12 mai 1983.

SEQUENCE 2
INTERIEUR JOUR/CHAMBRE D'ALPHONSE

ALPHONSE,off.Paris,le I3 Juillet I982.

MARION.Crier" l'amour fait mal!"et sauter à l'eau?
C'est tout ce que tu as trouvé pour te faire remarquer?
(Pause)Alphonse,tu lis trop!

Attention ! C'est en lisant
qu'on devient liseron –

Note de travail de François Truffaut pour *Le Journal d'Alphonse.*

J'AI MAL À L'AUTRE

Dans l'univers de François Truffaut, la femme est synonyme d'exaltation, elle accule l'homme au fond de sa boutique corporelle par la violence de ses passions. Thème romantique par excellence, thème balzacien de l'amour sans issue, thème proustien de l'amour malade, thème stendhalien de l'amour mécanique qui répond à des lois toujours semblables, de *Jules et Jim* à *La Femme d'à côté*, l'amour à mort traverse toute l'œuvre de Truffaut, et *Le Journal d'Alphonse* n'y fait pas exception. Barthes appelle « catastrophe » cette impasse et la définit comme une « crise violente au cours de laquelle le sujet, éprouvant la situation amoureuse comme [...] un piège dont il ne pourra jamais sortir, se voit voué *à une destruction totale de lui-même* ». Alphonse clame cette impossibilité en sautant d'abord dans la Seine, saut dans le vide qui préfigure la tentative de suicide et renoue avec cette question récurrente dans les scénarios truffaldiens :

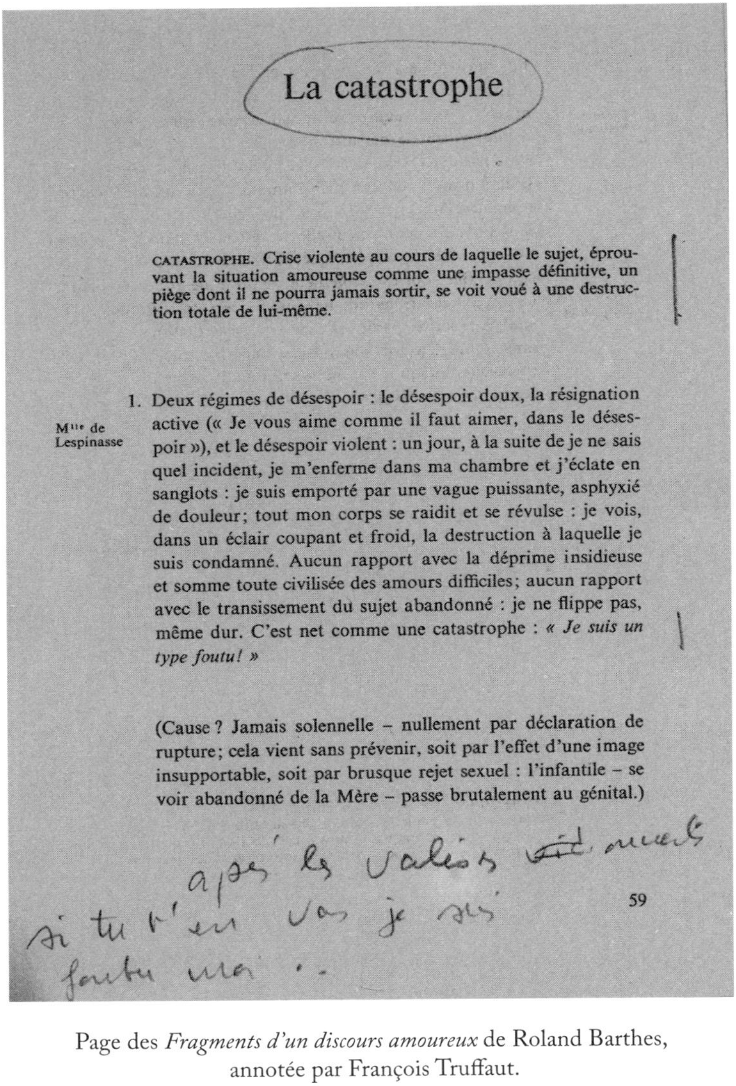

La catastrophe

CATASTROPHE. Crise violente au cours de laquelle le sujet, éprouvant la situation amoureuse comme une impasse définitive, un piège dont il ne pourra jamais sortir, se voit voué à une destruction totale de lui-même.

Mlle de Lespinasse

1. Deux régimes de désespoir : le désespoir doux, la résignation active (« Je vous aime comme il faut aimer, dans le désespoir »), et le désespoir violent : un jour, à la suite de je ne sais quel incident, je m'enferme dans ma chambre et j'éclate en sanglots : je suis emporté par une vague puissante, asphyxié de douleur; tout mon corps se raidit et se révulse : je vois, dans un éclair coupant et froid, la destruction à laquelle je suis condamné. Aucun rapport avec la déprime insidieuse et somme toute civilisée des amours difficiles; aucun rapport avec le transissement du sujet abandonné : je ne flippe pas, même dur. C'est net comme une catastrophe : *« Je suis un type foutu! »*

(Cause ? Jamais solennelle – nullement par déclaration de rupture; cela vient sans prévenir, soit par l'effet d'une image insupportable, soit par brusque rejet sexuel : l'infantile – se voir abandonné de la Mère – passe brutalement au génital.)

après les valises amenées

si tu t'en vas je suis foutu moi ..

59

Page des *Fragments d'un discours amoureux* de Roland Barthes, annotée par François Truffaut.

ALPHONSE (exalté). Est-ce que l'amour fait mal, Aline ?

ALINE. Alphonse !

ALPHONSE. Alors, regarde !

PAUL. Merde !

ALINE (stupéfaite). Ah ! La vache !

La dualité intrinsèque de l'amour est parfaitement exprimée par Truffaut quand il justifie dans *Domicile conjugal* le choix d'une Japonaise, Mademoiselle Hiroko, pour incarner la maîtresse d'Antoine : « La Japonaise est un support idéal pour le coup de foudre. Le comble de l'exotisme. Avec elle, Léaud éprouve, en un temps minimum, le maximum de l'exaltation et le maximum de la déception[1]. » L'opposition entre les deux cultures joue en effet en faveur de l'attirance et de la fascination. Truffaut, en lecteur attentif de Tanizaki (*L'Éloge de l'ombre*), ne pouvait que noter l'appel des contraires et les mystères de l'incommunicabilité[2]. La scène du restaurant le résume bien : Antoine vit le repas comme un calvaire et passe son

1. « François Truffaut : L'adultère, c'est terrible ! », *op. cit.*

2. « Les langues étrangères sont un combat perdu d'avance, explique François Truffaut. Il est déjà bien difficile de se comprendre dans la même langue, alors, imaginez un Français parlant japonais ! » (« François Truffaut : Pourquoi je hais les voyages », propos recueillis par Barry Fostaire, *Le Matin de Paris*, 14 juillet 1973).

temps à téléphoner à Christine, tandis que Hiroko mange tranquillement… La femme est magique surtout quand on ne la connaît pas, comme les inconnues de *L'Homme qui aimait les femmes* ou Fabienne Tabard dans *Baisers volés* lorsque Antoine la croise dans le magasin de chaussures. Cette courbe croissante puis décroissante est caractéristique d'une mathématique de l'amour qui traverse la filmographie de François Truffaut.

Pour Truffaut, la vie « dans ce qu'elle a de vraiment quotidien, la soupe à faire, la lessive, et la vie dans ce qu'elle a d'exceptionnel, qui est la continuité par les enfants et tout ça, c'est la femme ; alors, finalement, tout ce qui se passe entre les deux — entre faire la cuisine et faire les enfants — ne sert pas à grand-chose[1] ». La femme est donc duelle, magique et fatale. Cette ambivalence se retrouve dans *Jules et Jim, La mariée était en noir, La Sirène du Mississipi* où Louis Mahé/Jean-Paul Belmondo lance :

Même si ça doit finir mal,
Je suis enchanté de vous connaître,
Madame.

1. *Aline Desjardins s'entretient avec François Truffaut, op. cit.*, p. 54.

Comme l'écrit Alphonse dans son journal : « Pour avoir vraiment de la chance avec les filles, il faut être un individu puissant (physiquement bien entendu), hardi, et *très peu* cérébral. En toutes circonstances, je dis toutes, moi je pense toujours trop à autre chose, à moi par exemple[1]. »

1. Paul Léautaud, *Journal littéraire*, t. I, 1893-1906, Mercure de France, Paris, 1957, p. 141.

TO BE OR NOT TO BE

« Les meilleures fins, a dit Truffaut, sont celles de notre maître à tous, Chaplin. Charlot traverse une série d'épreuves, puis s'en va. Il marche sur une route où il y a un gendarme. Il parvient à l'éviter, mais on sait qu'un autre gendarme n'est pas loin[1]. » Et Chaplin ajoute : « Je n'ai pas eu besoin de lire des livres pour savoir que le grand thème de la vie, c'est la lutte et aussi la souffrance. Instinctivement, toutes mes clowneries s'appuyaient là-dessus. Ma méthode pour organiser l'intrigue d'une comédie était simple : cela consistait à plonger les personnages dans les ennuis et à les en faire sortir[2]. » Le cinéma de Charlie Chaplin

---

1. « François Truffaut : L'adultère, c'est terrible ! », *op. cit.*
2. Charlie Chaplin, *L'Histoire de ma vie*, cité par François Truffaut dans *Le Plaisir des yeux, op. cit.*, p. 71.

dessine en filigrane la cartographie des intérêts de François Truffaut : ce qui fascine chez Chaplin, c'est l'universel. De même, les personnages truffaldiens tentent-ils de surmonter les obstacles qui se dressent sur leur passage[1]. « Je crois que la plupart de mes films sont construits sur le principe d'un engrenage dans lequel se trouve pris le protagoniste, toujours plus faible que sa partenaire, déclare Truffaut. Comme d'habitude, c'est l'héroïne qui prend les initiatives ; comme d'habitude, l'histoire est, sinon racontée, du moins ressentie par le héros[2]. »

Or, cette construction narrative s'apparente à celle d'un conte de fée. D'après Vladimir Propp, « on appelle conte merveilleux du point de vue morphologique tout développement partant d'un méfait ou d'un manque et passant par les fonctions intermédiaires pour aboutir à un dénouement. Chaque nouveau méfait ou préjudice, chaque nouveau manque donne lieu à une nouvelle séquence[3] ». On reconnaît ainsi la structure du *Journal d'Alphonse*, bien qu'inachevé, comme celle de *La Sirène du Mississipi*, *Jules et Jim*,

---

1. « Truffaut au pays des merveilles », William Corduran, *Les Nouvelles littéraires*, n° 2751, 18 septembre 1980.
2. *Le Monde*, propos recueillis par Yvonne Baby, 21 juin 1969.
3. *Morphologie du conte*, Éditions du Seuil, Paris, 1970, p. 112.

Baisers volés, L'Histoire d'Adèle H. ou *L'Homme qui aimait les femmes.*

Le mythe fascinait d'ailleurs Truffaut, friand de séries télévisées : *Dallas,* qui dans sa structure tient beaucoup des Atrides, met en scène des personnages qui s'aiment, se haïssent et, comme dans la *Recherche* de Proust, évoluent dans le temps. Il admirait également la série télévisée *La Maison des bois* de Maurice Pialat (1971), tout comme les feuilletons de Bergman : *Scènes de la vie conjugale* (1973), *Fanny et Alexandre* (1982). Enfin Truffaut coécrivait avec Jean Gruault un projet pour la télévision, se déroulant entre 1900 et 1914[1], intitulé *00-14.*

La « pensée mythique » s'applique d'autant mieux à l'œuvre truffaldienne que le mythe, selon Lévi-Strauss, fonctionne par oppositions. « Le mythe tranche le dilemme vie-mort », dans le cas d'Alphonse amour-indifférence, vie ordinaire-vie extraordinaire. Comme dans les récits de chevalerie[2], Alphonse tente d'attirer l'attention de Marion pour l'épater et emporter son amour. Il saute d'un pont, lui envoie des fleurs, s'ouvre les veines, tandis qu'indifférente,

1. *Les 400 Couples de François Truffaut, op. cit.*, pp. 40-43.
2. François Truffaut aimait particulièrement *Perceval le Gallois,* le film d'Éric Rohmer (1978).

elle le provoque sans fin : telle Peau d'âne éprouvant l'amour de son père, elle demande toujours plus, la peau de l'âne s'incarnant ici dans le *Journal* de Léautaud, en vingt tomes, dont elle exige le vol. Le héros (Alphonse) doit ainsi surmonter une série d'épreuves mi-imaginaires mi-réelles, au bout desquelles le dilemme sensationnel-banal, amour-sympathie, vie-mort sera tranché. Dans *Le Journal d'Alphonse,* ces déboires culminent avec la tentative de suicide avortée.

Bruno Bettelheim, que François Truffaut lisait assidûment, appelle « névroses individuelles » les conflits intérieurs que l'individu ne parvient pas à maîtriser. De même qu'au Moyen Âge, « lorsqu'un homme ne parvenait pas à résoudre le problème auquel il était affronté et se réfugiait dans un univers délirant, il avait l'illusion d'être possédé par le démon[1] », de même Alphonse convoque la femme, paradoxale, magique, redoutable et désirable, qui le conduit droit dans la Seine.

Alphonse est ainsi un héros tragicomique bien dans la veine de Charlie Chaplin. Il est entièrement sous le joug de la figure féminine. On retrouve ici

1. Bruno Bettelheim, *Le Cœur conscient*, Hachette « Pluriel », Paris, 2000, p. 89.

le goût de François Truffaut pour les situations hawksiennes : une jeune femme déterminée et combative fait face à un homme faible ou indécis, comme dans *I Married a Male War Bride* (1949) et, chez Hitchcock, *Fenêtre sur cour* (1954), où Grace Kelly mène l'enquête à la place de James Stewart. La femme est virilisée par l'action, tandis que l'homme, immobilisé, reste passif[1]. Il en va ainsi du *Dernier Métro,* où Lucas Steiner se cache dans la cave de son théâtre, et du Julien Vercel de *Vivement dimanche !*, contraint de laisser la direction de l'enquête comme celle de son agence à sa secrétaire Barbara.

Cette façon qu'ont les héros truffaldiens, masculins ou féminins, de se débattre avec la réalité permet ainsi, sur une trame très quotidienne, de mettre en scène des événements extraordinaires mais plausibles. Car la crédibilité est essentielle dans une œuvre cinématographique. « Il raconte des histoires modernes, des histoires de gens ordinaires à qui il arrive des choses extraordinaires », dira Truffaut de Hitchcock[2]. Lequel ajoutera : « Je ne peux m'empêcher de comparer ce que j'essaie de mettre dans mes

1. Alain Lazaro, « La femme porte la culotte. Une filmographie de François Truffaut », *La Cinématographie française*, 19 octobre 1969.
2. *Aline Desjardins s'entretient avec François Truffaut, op. cit.*, p. 31.

films avec ce qu'Edgar Poe[1] a mis dans ses nouvelles : une histoire parfaitement incroyable contée aux lecteurs avec une logique tellement hallucinante qu'on a l'impression que cette même histoire peut vous arriver demain[2]. »

Le conte (un événement extraordinaire arrive à des personnages ordinaires) traverse ainsi l'œuvre de Hitchcock comme celle de Truffaut, la parsemant de symboles. Truffaut lui-même rappelle qu'on retrouve fréquemment cette idée de conte de fée dans les films de Hitchcock : « L'importance de posséder les clés de la maison… le placard que personne n'a le droit d'ouvrir… la pièce où personne n'entre jamais… Au

---

1. C'est également ce principe qu'on retrouve chez Henry James, cher à François Truffaut, qui avait envoyé ce passage de *La Bête dans la jungle* aux *Cahiers du cinéma* à l'occasion d'un Spécial Truffaut : « Il n'avait pas cherché à imposer aux gens la curiosité de connaître ce phénomène : un homme hanté, si forte qu'en eût été la tentation, lorsqu'il entendait dire à certains qu'ils se sentaient vraiment “désaxés”. S'ils étaient vraiment aussi désaxés que lui — lui qui n'avait pas connu une heure d'équilibre dans sa vie —, ils sauraient alors ce que cela voudrait dire. Mais, tout de même, ce n'était pas à lui de leur montrer le chemin, et il se contentait de les écouter très civilement. C'est pourquoi il était si impeccable — quoique légèrement terne — en ses manières » (cité par Serge Bozon dans « Teenage Fever », *Trafic*, hiver 1993, p. 91).
2. Cité dans *Hitchcock et l'Art*, Centre Georges Pompidou & Mazzotta, 2000, p. 209.

fond, l'histoire de Rebecca est très proche de Cendrillon[1].» Le verre de lait de *Soupçons* renvoie ainsi à la pomme empoisonnée de *Blanche-Neige*. Le thème de la clé dérobée et du secret apparaît dans *Les Enchaînés* comme une variation de *Barbe-Bleue*. La clé devient un objet fétiche dont le passage d'un personnage à l'autre permet le déroulement de l'intrigue, tout comme, dans *Le Journal d'Alphonse*, les livres structurent le film en circulant de main en main[2]. Et de même les chiffres, dont la symbolique traverse l'œuvre de Truffaut[3] : du *813* de Maurice Leblanc, à la construction même de la narration. Ainsi Truffaut dit-il de *La mariée était en noir* que «les cinq hommes que Julie retrouve sur son chemin nous font revenir à ce principe de l'énumération qui

1. François Truffaut, *Hitchcock-Truffaut*, avec la collaboration de Helen Scott, Gallimard, Paris, 1993, pp. 106-107.
2. «Flammes, objets de culte et livres fétiches dans le cinéma de François Truffaut», Dominique Vochelle, *Cahiers du cinéma*, novembre 1982, pp. 51-65.
3. Dans *La Sirène*, Marion déchiffre un panneau routier indiquant : «Paris 813 km», panneau qu'on retrouve dans *Une belle fille comme moi*. Dans *Le Dernier Métro*, Lucas Steiner sort de sa cachette après 813 jours. Dans *La Peau douce*, la chambre d'hôtel de Nicole est la 813, etc. («La symbolique des chiffres dans la filmographie de François Truffaut», Élisabeth Butterfly, *Cahiers de mathématiques appliquées*, CNRS, n° 13, mars 2002.)

rend fascinante la lecture des contes de fées : "Boucle d'or et les Trois Ours","Les Trois Petits Cochons et le Grand Méchant Loup", "Blanche-Neige et les Sept Nains"[1] ».

Le conte, balancement entre l'ordinaire et l'extraordinaire, est donc au centre de la filmographie de Truffaut, d'autant que, pour lui, le septième art transcende l'existence. « Orson Welles, quand il a fait *Citizen Kane,* a dit à propos du cinéma : "C'est le plus beau jouet électrique que puisse s'offrir un adulte." [...] Je sens là un pouvoir extraordinaire, le pouvoir de créer de la vie réellement, enfin, une vie à côté de l'autre, évidemment[2]. » À la question : « *To be or not to be* », Truffaut substitue donc : vivre pour le cinéma ou ne pas vivre.

1. *Truffaut par Truffaut, op. cit.*, p. 98.
2. *Aline Desjardins s'entretient avec François Truffaut, op. cit.*, p. 43.

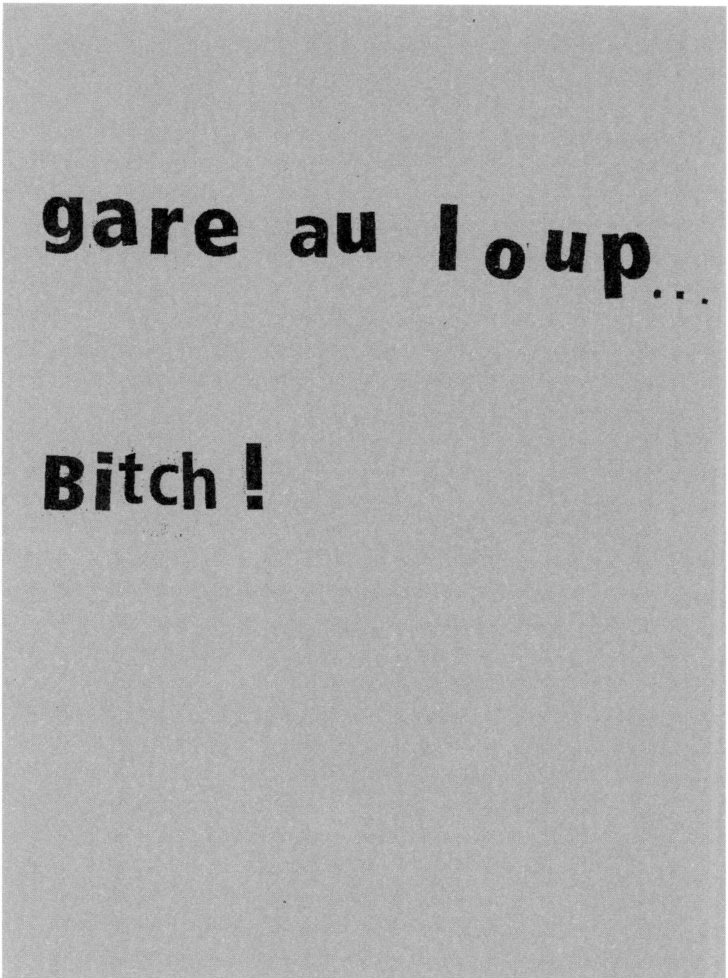
gare au loup...

Bitch !

Lettre anonyme que Marion reçoit en présence d'Alphonse.

PAS DE FIN, PAS GRAVE

François Truffaut disait de *Baisers volés* : « Au départ, il n'y avait pas de scénario, juste vingt pages, le scénario a été fait quelques jours avant le tournage[1]. » Dans *La Nuit américaine*, le spectateur est témoin de cette écriture de l'urgence, Ferrand, le metteur en scène joué par Truffaut lui-même, glissant sous la porte leurs dialogues aux comédiens la veille pour le lendemain. Cela expliquerait en partie que le scénario du *Journal d'Alphonse* n'ait pas été entièrement retrouvé. C'est qu'il n'existait pas, il se tricotait au fur et à mesure, enrichi par le vocabulaire et les phrases des acteurs. Car Truffaut se plaisait à reprendre les expressions de son entourage immédiat au lieu de figer ses dialogues dans des formules trop littéraires…

1. *Cahiers du cinéma*, mai 1968, n° 200-201.

En 1970, François Truffaut définissait *Domicile conjugal* comme « le dernier volet d'une trilogie filmée qui pourrait s'intituler : *Les Aventures d'Antoine Doinel*[1] ». Puis il y eut *L'Amour en fuite*, et *Le Journal d'Alphonse*, inachevé. Truffaut a déjà évoqué dans des interviews l'idée que la mort puisse interrompre un tournage. « *Jules et Jim*, c'est la seule époque de ma vie où j'ai eu peur de mourir, car le montage était très compliqué. Après le tournage, je sais que j'avais peur en voiture et je roulais très doucement parce que je me disais : "Personne ne peut s'y retrouver dans cette masse de pellicule, il y a des commentaires qu'il faut changer de place, il y a des doublages..." Bref, je savais que le film était presque impossible à terminer sans moi[2]. » Dans un de ses dossiers de notes, méthodiquement classés par thème, on trouve à « Proust » cette réflexion sur l'inachèvement d'une œuvre et sur la mort : « Après d'interminables ratures, plusieurs remaniements et réécritures, Proust finit par inscrire le mot FIN au bas du folio 125 du tome XX de la dernière partie du *Temps retrouvé*[3]. »

1. « François Truffaut : L'adultère, c'est terrible ! », *op. cit.*
2. *Aline Desjardins s'entretient avec François Truffaut, op. cit.*, p. 53.
3. Inventaire des archives de François Truffaut, BiFi, Fonds Truffaut, volume III, TRUFFAUT 326 B174.

Pour Truffaut comme pour Proust, seul compte le travail artistique, qu'il soit cinématographique ou littéraire. La vie vient après. Quand il apprend la mort du général de Gaulle, alors que ce dernier n'avait pas achevé ses *Mémoires,* Truffaut refuse d'y croire.

« Quand je tourne un film, je ne sais pas si le résultat donnera l'impression d'un film normal tourné par un fou ou d'un film fou tourné par un homme normal, mais j'ai la conviction qu'écrivant un livre ou tournant un film, nous sommes des anormaux qui adressons un discours à des gens normaux[1]. » C'est ce qui justifie le thème récurrent de l'infirmité dans l'œuvre truffaldienne : « La vie est faite de morceaux qui ne se joignent pas », déclarait Muriel dans *Les Deux Anglaises et le Continent.* L'infirmité extériorise cette impossibilité d'harmoniser la vie contre les films. Le metteur en scène Ferrand a un sonotone dans *La Nuit américaine*; Madame Jouve porte une prothèse dans *La Femme d'à côté*; Muriel souffre d'une cécité évolutive dans *Les Deux Anglaises et le Continent*; le jeune Victor est sourd-muet dans *L'Enfant sauvage*; dans *L'Argent de poche*, le père du petit Patrick est paraplégique...

1. « Journal de Fahrenheit 451 », *Cahiers du cinéma,* n° 180, 1966.

L'infirmité est métaphorique chez Truffaut : « Il faut accepter l'idée qu'on est un infirme et qu'on sera un infirme jusqu'à sa mort[1] », déclare-t-il au micro de France Culture.

Selon Truffaut, le cinéma est un « art indirect, qui cache autant qu'il montre » et filme les déséquilibres l'air de rien. C'est en ce sens qu'avec Serge Daney[2] on peut évoquer un Truffaut-Jekyll et un Truffaut-Hyde. Non qu'ils se partagent sa filmographie ! Mais l'un masque habilement l'autre derrière des apparences innocentes. Opération clandestine, le cinéma truffaldien subvertit ainsi le regard du spectateur non averti, faisant passer pour banales des histoires sans concessions. Si, chez Truffaut, la vie ne va pas vers quelque chose d'exaltant et d'ascendant, « les films sont comme des trains qui avancent dans la nuit ».

---

1. Truffaut ajoute, liant l'infirmité à sa passion pour le cinéma : « Si on se consacre à une chose abstraite et qu'elle devient plus importante dans notre vie que toutes les choses concrètes, je crois qu'on est amené à vivre dans un état d'infirmité qui a ses avantages et ses inconvénients » (France Culture, *L'Invité du lundi*, 5 mai 1975, archives INA).
2. *Libération*, 30 septembre 1981.

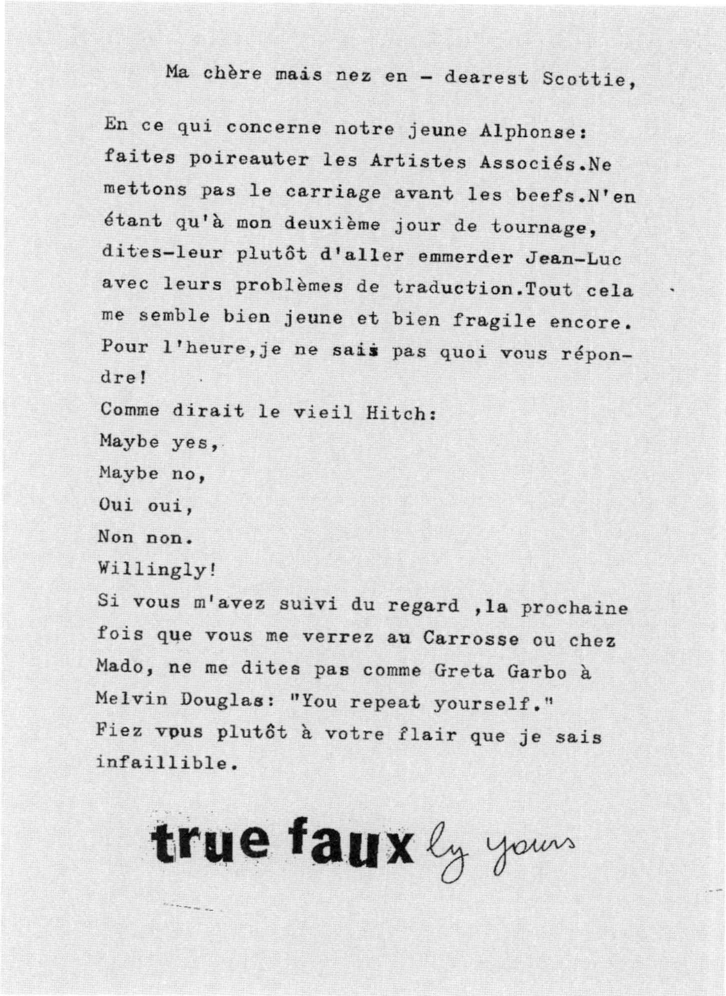

Ma chère mais nez en - dearest Scottie,

En ce qui concerne notre jeune Alphonse: faites poireauter les Artistes Associés.Ne mettons pas le carriage avant les beefs.N'en étant qu'à mon deuxième jour de tournage, dites-leur plutôt d'aller emmerder Jean-Luc avec leurs problèmes de traduction.Tout cela me semble bien jeune et bien fragile encore. Pour l'heure,je ne sais pas quoi vous répondre!

Comme dirait le vieil Hitch:

Maybe yes,

Maybe no,

Oui oui,

Non non.

Willingly!

Si vous m'avez suivi du regard ,la prochaine fois que vous me verrez au Carrosse ou chez Mado, ne me dites pas comme Greta Garbo à Melvin Douglas: "You repeat yourself."

Fiez vpus plutôt à votre flair que je sais infaillible.

true faux ly yours

Lettre de François Truffaut à Helen Scott, datée du 13 mars 1983, concernant la distribution américaine du *Journal d'Alphonse*.

LE JOURNAL D'ALPHONSE

Stanislas MERHAR	Alphonse Doinel
Claude JADE	Christine Darbon
Luna PICOLI	Marion
Tatiana SACHS	Aline
Benjamin BELCOURT	Patrick
Macdara SMITH	Paul
Guillaume ANDREU	Lucas

SÉQUENCE 1

EXTÉRIEUR JOUR / PARIS / UN PONT

ALPHONSE (off). Paris, le 12 juillet 1982. Marion aime Patrick. Patrick sort avec Julie, mais il aime Aline. Aline sort avec moi; moi, j'aime Marion qui sort avec Paul, un jeune homme au pair, pâle, venu d'Angleterre par bateau. C'est l'été. Nous nous donnons rendez-vous au lever du jour, à l'est de la tour Eiffel, Paul récite Shakespeare en anglais, mais personne ne comprend. C'est l'âge où tout peut arriver, où on peut mourir d'amour ou devenir boucher, attraper une pneumonie, s'éprendre d'une femme mariée, sauter d'un pont pour épater une fille, un jour magique et ensoleillé, comme ça!

ALINE. Alphonse! Tu vas tomber! Ne cours pas si vite... Alphonse! Pas sur ce parapet!

ALPHONSE (exalté). Est-ce que l'amour fait mal, Aline?

ALINE. Alphonse!

ALPHONSE. Alors, regarde!

PAUL. Merde!

ALINE (stupéfaite). Ah! La vache!

(Grand bruit d'eau, cris, exclamations apeurées, rires.)

ALINE. Alphonse!

PAUL. Alphonse! Qu'est-ce qui vous prend?

PATRICK. Il a sauté, l'imbécile!

MARION (ironique). Mais tu ne sais pas nager, Alphonse!

SÉQUENCE 2
INTÉRIEUR JOUR / CHAMBRE D'ALPHONSE

ALPHONSE (off). Paris, le 13 juillet 1982.

MARION. Crier « l'amour fait mal! » et sauter à l'eau? C'est tout ce que tu as trouvé pour te faire remarquer? (Pause) Alphonse, tu lis trop!

PAUL (ton plat). Mais je vois que vous aimez

Les Souffrances du jeune Werther. Ce n'est pas une lecture pour vous, Alphonse. Vous devriez plutôt lire A Midsummer Night's Dream, Le Songe d'une nuit d'été. C'est une « piece of cake » qui vous changera les idées.

ALPHONSE (accent très français). Maybe.

MARION. Tiens ! Je t'ai apporté un livre, justement. J'ai fauché ça dans la bibliothèque de mon père.

ALPHONSE. L'Idiot ?

MARION. Dostoïevski. Deux tomes ! Tu auras le second si tu es sage.

ALPHONSE. Qu'est-ce que ça veut dire « si tu es sage » ?

MARION. Ça veut dire ce que ça veut dire !

ALPHONSE. Tu m'offres l'histoire d'un idiot en me demandant de ne pas faire l'idiot ?

PAUL. Ah ! Mais voilà ! Justement ! L'histoire, c'est que l'idiot ne l'est pas...

MARION (complétant). ... Sinon, ce serait trop simple! D'ailleurs, une histoire d'idiot en 1500 pages, c'est un peu long !

ALPHONSE (off). C'était vrai : j'étais idiot. Je vivais un roman. La lecture m'offrait tout ce que la vie ne m'offrait pas. C'était comme si le papier était ma peau, l'encre mon sang. Dans les livres, le héros n'avait que des victoires; il ne risquait jamais sa peau parce qu'il ne savait pas nager. Son rival, alias Patrick, ne lui sauvait pas la vie, mais trépassait violemment. Alors, depuis hier, je remplaçais les noms de tous les adversaires par celui de Patrick, qui expirait sans le savoir dans d'horribles souffrances plus de douze fois par jour.

SÉQUENCE 3
INTÉRIEUR JOUR/ TROCADÉRO

ALPHONSE (off). 17 juillet 1982. Cette semaine, j'ai travaillé comme livreur chez Monceau Fleurs, aux Batignolles. J'ai porté à Marion 61 lys blancs destinés à un mariage en banlieue. J'ai été viré, Marion est tombée malade parce qu'elle est allergique aux fleurs, alors, j'ai voulu mourir. « Certains jours comme aujourd'hui, la vie a si mauvais goût qu'on voudrait pouvoir la cracher. » En traversant le Trocadéro, on parlait d'amour.

ALINE (candide, à Paul). Tu as eu beaucoup de conquêtes, toi, Paul?

PAUL. Ça dépend ce qu'on entend par beaucoup. En anglais, on a deux mots pour le dire : many quand on peut compter, much sinon.

PATRICK (à Aline). Et toi, Aline?

ALINE. Oh! Moi!

PAUL. Et vous, Patrick? Vous avez eu beaucoup d'aventures?

PATRICK. Tu veux dire : des mésaventures ?

ALPHONSE (off). L'envie de mourir ne passait pas. Elle était coincée dans la gorge, là. Elle grossissait avec les baisers qu'échangeaient Paul et Marion, un peu trop fréquents, avec les regards de Marion vers Patrick, un peu trop fréquents, aussi. C'en était écœurant. J'avais un sentiment d'injustice, je me sentais laid et triste. Aline se frottait à moi, moi j'étais d'humeur choléra. Cette après-midi, me voyant mélancolique, Aline m'entraîna dans un magasin de disques pour écouter une chanson de Mireille, Les pieds dans l'eau, et tandis qu'elle chantonnait, je me rappelai ce qu'écrivait Gide des poissons, qui meurent le ventre à l'air, remontant à la surface. « C'est leur façon de tomber. » C'était peut-être ma façon de vivre.

ALINE. Écoute ça, Alphonse !

CHANSON : Les pieds dans l'eau. Paroles de Jean Nohain, musique de Mireille, 1932.

SÉQUENCE 4
INTÉRIEUR NUIT/ CHAMBRE D'ALPHONSE

ALPHONSE (off). Paris, 19 juillet 1982.

LUCA. Salut ! Je suis passé voir comment ça allait !

ALPHONSE (agressif, recroquevillé dans son lit et tournant le dos). T'as vu l'heure ?

LUCA. Il est huit heures La nuit tombe à peine. Tu dors déjà ?

ALPHONSE. Non. Je ne supporte pas la compagnie des hommes après sept heures du soir !

LUCA. Tiens ! C'est nouveau, ça ! (Pause) Je m'en vais.

ALPHONSE. Ouais, c'est ça, file Théophile !

ALPHONSE (off). Je n'y pouvais rien. La vie était dégoûtante. À l'âge où l'on attrape des rougeoles et des scarlatines, moi j'avais choisi le mal de vivre. Alors, comme on crève en douce le chat du voisin, je m'étais ouvert les veines, sans drame, pour en finir.

<u>SÉQUENCE 5</u>
<u>INTÉRIEUR JOUR / CHAMBRE ALPHONSE</u>

ALPHONSE (off). Paris, 20 juillet 1982.

CHRISTINE. Tu sais, Alphonse, contrairement à ce que prétend ton père, la vie n'est pas un roman. Chaque personne est un couple qui ne cesse de se disputer. On casse des vases, on brise de la vaisselle, on se dit des insanités, on s'exècre, on se méprise, mais on finit toujours par faire la paix. Alors, tu comprends, se couper les veines, ce n'est pas la règle du jeu. C'est une chance que Luca t'aie trouvé. La vie est dure, Alphonse, mais elle est belle, puisqu'on y tient tellement. Et tes amis, ils ne te manquent pas ?

ALPHONSE (boudeur). Non.

CHRISTINE. Pourtant, ils ont demandé de tes nouvelles.

ALPHONSE. Qu'ils s'occupent de leurs affaires!

CHRISTINE. Luca est inquiet.

ALPHONSE. Et Marion?

CHRISTINE. J'ai simplement dit que tu avais une grippe...

ALPHONSE. Elle a demandé de mes nouvelles, Marion?

CHRISTINE. Aline, Luca, Patrick sont passés. J'ai préféré te laisser dormir.

ALPHONSE. Et Marion?

CHRISTINE. Elle est partie hier en week-end pour la Normandie.

ALPHONSE. La Normandie?

CHRISTINE. Avec Paul...

(Silence.)

CHRISTINE. Tu sais bien, les Anglais ne jurent que par la Normandie!

ALPHONSE. Alors moi, tu vois, la mer, les week-ends de rêve en Normandie, les villages de bord de mer sans librairie, sans bibliothèque, ça me donne envie de vomir !

CHRISTINE (rieuse). Ah ! Toi au moins, tu n'es pas le fils du facteur !

SÉQUENCE 6
INTÉRIEUR JOUR / PORTE D'ENTRÉE / APPARTEMENT MARION

ALPHONSE (off). Paris, 25 juillet 1982.

(Sonnerie de la porte d'entrée.)

MARION. Salut, Alphonse !

ALPHONSE. Salut. Je viens t'emprunter le tome II... Tu sais, L'Idiot !

MARION (rieuse). Impossible.

ALPHONSE. J'ai fait l'idiot ?

MARION. Il paraît. Mais c'est pas la raison.

ALPHONSE. Qu'est-ce que c'est, la raison ?

MARION. C'est que le tome II n'est pas dans la bibliothèque de mon père. (Pause) Le tome I non plus, d'ailleurs...

ALPHONSE. Ah ?

MARION. ... Puisque je l'ai volé.

ALPHONSE. Tu l'as volé pour moi?

MARION. On peut dire ça... En tout cas, débrouille-toi pour le tome II ! Patrick, lui, a déjà volé tout Léautaud, mais moi, je ne peux pas, c'est trop lourd.

ALPHONSE. Je peux garder le tome I, alors?

MARION (avec un rire moqueur). Avec les compliments de la maison!

(Porte qui claque.)

ALPHONSE (off). Voler un livre! C'était tout Marion. Marion avait la force de réécrire les lois. Moi, j'avais à peine la force de leur obéir. Je me sentais minuscule devant cette nature violente, passionnée, et j'aurais voulu qu'elle m'admire. Mais j'étais incapable de voler Léautaud, je m'étonnais que Patrick connaisse son œuvre. Comment était-ce possible? Lui qui pensait que Balzac était un général d'Empire, à cause de la rue! C'était probablement une invention de Marion, une invitation à surenchérir. Mais comment? En volant tout Proust? Non! Non! Je ne pouvais pas voler Léautaud, mais moi, je pouvais citer Léautaud : «Pour avoir vraiment de la chance avec les filles, il faut être un individu puissant (physiquement bien entendu), hardi, et très peu cérébral. En toutes circonstances, je dis toutes, moi je pense toujours trop à autre chose, à moi par exemple.» Mais je sentais bien que Marion, au fond, se foutait de Léautaud.

BIBLIOGRAPHIE

Truffaut auteur

Les Aventures d'Antoine Doinel, propos recueillis par Simon Mizrahi, Ramsay, Paris, 1970.
La Nuit américaine, suivi de *Journal de tournage de Fahrenheit 451,* Seghers/Cinéma 2000, Paris, 1974.
L'Argent de poche, cinéroman, Flammarion, Paris, 1976.
Antoine et Colette, dossier de presse, texte de François Truffaut, 1962.
Correspondance, lettres recueillies par Gilles Jacob et Claude de Givray, préface de Jean-Luc Godard, Hatier/5 Continents, 1988.
La Petite Voleuse, avec la collaboration de Claude de Givray, Claude Miller, 10/18, Paris, 1989.

Truffaut critique

Le Plaisir des yeux, Cahiers du cinéma, Paris, 1987 ; « Petite Bibliothèque des Cahiers du cinéma », 2000.
Les Films de ma vie, Flammarion, Paris, 1975.
Hitchcock-Truffaut, avec la collaboration de Helen Scott, Gallimard, Paris, 1993.
Préface de *Charlie Chaplin,* d'André Bazin et Éric Rohmer, Cerf, Paris, 1973.
Préface de *Jean Renoir,* d'André Bazin, Champ Libre, Paris, 1971.
Préface de *Orson Welles – a critical view by Andre Bazin,* Harper and Row, New York, 1978.
« Je n'ai pas écrit ma biographie en 400 coups », *Arts*, 3 juin 1959.
« François Truffaut : Je n'invente jamais rien », Société des Amis de François Truffaut, Cahier n° 81, 1979.
« François Truffaut : Pourquoi mes films sont des chansons », *Fédération des Films Français,* Cinéma 67, n° 112.

Truffaut archivé

Inventaire des archives de François Truffaut, BiFi, Fonds Truffaut, volume III, Truffaut 318 b154 [*Le Journal d'Alphonse*]; Truffaut 523 b287 [projets de films sur l'adolescence]; Truffaut 318 b174 et 288 b163 [*Le Petit Ami*]; Truffaut 326 b174 [projets de films, notes, dates, prévisions]; Truffaut 327 b172 [divers].

Les Matinées de France Culture, 7 octobre 1970; 9 octobre 1983, Archives INA.

France Culture, *L'Invité du dimanche,* 5 mai 1975, Archives INA.

Sur Truffaut

Alfonsi (Laurence), *L'Aventure américaine de l'œuvre de François Truffaut,* L'Harmattan, Paris, 2000.

Alonso (Ernesto), « Les Doinel : une sérénade à trois », *El Pais,* traduit par Miranda Falbalas dans *Truffaut et son public,* collectif dirigé par Jean-Louis Bory, Gallimard, Paris, 1971.

Baecque (Antoine de), Toubiana (Serge), *François Truffaut,* Gallimard, « N.R.F. Biographies », Paris, 1996; « Folio », 2001.

Bonnafons (Elisabeth), *François Truffaut,* L'Âge d'homme, Lausanne, 1981.

Bonitzer (Pascal), *Le Regard et la Voix,* 10/18, Paris, 1976.

Bozon (Serge), « Teenage fever », *Trafic,* n° 5, hiver 1993.

Brillet-Dubois (Pascale), « De Marion à Blady. Prénoms et patronymes dans l'œuvre de François Truffaut », Actes du Colloque de l'Université de Lyon-II, mai 2002, pp. 56-72.

Butterfly (Elisabeth), « La symbolique des chiffres dans la filmographie de François Truffaut », *Cahiers de mathématiques appliquées,* CNRS, n° 13, mars 2002.

Cinéma, numéro spécial, n° 84, décembre 1984.

Cinématographe, « Focus Truffaut », n° 105, décembre 1984.

Ciment (Gilles), « Petits papiers sur la *Correspondance* », *Les 400 Coups de François Truffaut,* collectif, Les Cahiers du 7e art, vol. 6, Bibliothèque André-Malraux, Paris, 1980.

Collet (Jean), « Une dernière question », *Cinéma,* numéro spécial, n° 84, décembre 1984.
Corby (Hélène), « François Truffaut. L'amour sans concessions », *Télérama,* n° 1813, 26 avril 1981.
Corduran (William), « Truffaut au pays des merveilles », *Les Nouvelles littéraires,* n° 2751, 18 septembre 1980.
Desbarats (Francis), « Truffaut ou la traversée de l'indécence », *Cinéma,* numéro spécial, n° 84, décembre 1984.
Desjardins (Aline), *Aline Desjardins s'entretient avec François Truffaut,* « Ramsay Poche Cinéma », Ramsay, Paris, 1987.
Doguet (Patricia), « La confusion des sens chez le spectateur. Une étude sémiologique du cycle Doinel », *Revue de sémiologie comparée*, hiver 1992.
Doniol-Valcroze (Jacques), « Les Quatre Cents Coups », *France Observateur,* 4 juin 1959.
Fainsilber (Samson), « La nouvelle Nouvelle Vague », *Libération,* 30 octobre 2002.
Fostaire (Barry), « François Truffaut : Pourquoi je hais les voyages », *Le Matin de Paris,* 14 juillet 1973.
Frank (Pat), « Le sport favori de François Truffaut : la correspondance », *Elle,* 13 mai 1975.
Georgesson (Hélène), « *To be or not to be* : sauver sa peau, un leitmotiv truffaldien », *Les Inrockuptibles,* n° 249, 27 juin 2000.
Gillain (Anne), *Le Cinéma selon François Truffaut,* Flammarion, Paris, 1988.
Guérif (François), *François Truffaut,* Édilig, Paris, 1988.
Guérin (Marie-Anne), *Le Récit de cinéma*, Cahiers du cinéma, Paris, 2003.
Gusse (Gilles), « L'argot dans les films de Truffaut. Une étude sémiotique », *Cahiers de sémiologie*, 1996, n° 220, pp. 32-44.
Huxley (David), « L'impossible monsieur Doinel », *Télérama,* n° 1959, 13 novembre 1979.
Insdorf (Annette), *François Truffaut. Le cinéma est-il magique ?*, trad. Bruno Joliet et Yves Coleman, Ramsay, Paris, 1989.
Insdorf (Annette), *François Truffaut,* Gallimard, « Découvertes », Paris, 1996.
Kane (Barry), « Faits divers, dessins humoristiques et témoignages : l'inspiration de François Truffaut », *L'Avant-Scène Cinéma*, numéro spécial, 1-15 mars 1983, n° 303-304.

Kaplan (Eugène), « Les lectures des personnages truffaldiens », *La Gazette culturelle de Knock-Le-Zout*, n° 315, septembre 1983.
Lazaro (Alain), « La femme porte la culotte. Une filmographie de François Truffaut », *La Cinématographie française*, 19 octobre 1969.
Le Berre (Carole), *François Truffaut*, Cahiers du cinéma, Paris, 1993.
Léon (Félix), « Farces et attrapes : François Truffaut entre Chaplin et McCarey », *Positif*, mai 1993, n° 467-468.
Mahéo (Michel), « Propos de François Truffaut », *Cinéma*, numéro spécial, n° 84, décembre 1984.
Mankind (John), « Madame et son cow-boy : les Doinel, un couple moderne ? », *Le Nouvel Adam*, 9 octobre 1970.
Marcotin (Peter), « Pourquoi je joue dans mes films », *Le Monde*, 13 août 1978.
Massot (Pénélope), « L'encre, la pellicule et le sang : la chair des films de François Truffaut », *Cahiers du cinéma*, numéro spécial, octobre 1994.
McKenna (Ben), « *In François Truffaut's Library* », *Vertigo*, n° 4, été 1994.
Miller (Serge), « La figure absente. Le père dans la filmographie de Truffaut », *Nouvelle Revue de psychanalyse*, n° 618, août 1987.
Metz (Christian), *L'Énonciation impersonnelle ou le Site du film*, Méridiens Klincksieck, Paris, 1991.
Michet (Carlos), « L'homme à la filmographie inachevée. Les mille et un projets de François Truffaut », *Cahiers du cinéma*, n° 369, mars 1985.
Nemer (Monique), *Raymond Radiguet*, Fayard, Paris, 2002.
Nikonda (Hokaku), *De l'autre côté du miroir : les références cinématographiques de François Truffaut*, éd. Chuo Koron-Sha, Tokyo, 1995.
Péret (Pierre), *La Chanson dans les films de la Nouvelle Vague*, Centre cinématographique de Saint-Tropez, 1982.
Perez (Michel), Riou (Alain), « Comment Truffaut filma vingt ans d'amour », *Le Matin*, 25 janvier 1979.
Poirot (Mireille), « François Truffaut : Je hais les dimanches », *Le Point*, n° 1813, 2 décembre 1981.
Ratier (Bertrand), « Gros plan sur François Truffaut », *Libération*, 6 août 1983.
Rivette (Jacques), « Du côté de chez Antoine », *Cahiers du cinéma*, mai 1959, n° 95.

Rabourdin (Dominique), *Truffaut par Truffaut,* Chêne, Paris, 1985.
Tisdalle (Robert), «Jeux de fils : la marionnette et le marionnettiste. François Truffaut et ses acteurs», *Cinématographe,* n° 105.
Vochelle (Dominique), «Flammes, objets de culte et livres fétiches dans le cinéma de François Truffaut», *Cahiers du cinéma,* novembre 1982.

Truffaut lecteur

Balzac (Honoré de), *La Comédie humaine,* Gallimard, «Bibliothèque de la Pléiade», Paris, 1935.
Barthes (Roland), *Fragments d'un discours amoureux,* «Tel Quel», Editions du Seuil, Paris, 1977.
Barthes (Roland), *Mythologies,* Editions du Seuil, Paris, 1957.
Bettelheim (Bruno), *Le Cœur conscient,* Robert Laffont, Paris, 1972.
Bettelheim (Bruno), *Psychanalyse des contes de fées,* Robert Laffont, Paris, 1976.
Carroll (Lewis), *Lettres adressées à des petites filles,* Flammarion, Paris, 1975.
Chaplin (Charlie), *Histoire de ma vie,* Robert Laffont, Paris.
Cocteau (Jean), *Le Passé défini,* t. I : 1951-1952, Gallimard, Paris, 1983.
Flaubert (Gustave), *Correspondance,* Gallimard, « Bibliothèque de la Pléiade », Paris, 1973.
Genet (Jean), *Journal du voleur,* Gallimard, Paris, 1949.
Gide (André), *Journal,* Gallimard, «Bibliothèque de la Pléiade», Paris, 1947.
Goethe, *Les Souffrances du jeune Werther,* Armand Colin, 1941.
Goodis (David), *Vendredi 13,* Gallimard, Paris, 1979.
Grimm (Jacob et Wilhelm), *Contes,* préface et traduction de Marthe Robert, Gallimard, « Folio », Paris, 1976.
Guitry (Sacha), *Le Roman d'un tricheur,* Gallimard, Paris, 1973.
James (Henry), *L'Élève* et autres nouvelles, précédées de «James glossateur de James», par Pierre Leyris, 10/18, 1963.
Kierkegaard (Sören), *Le Journal du séducteur,* trad. F. et O. Prior et M.-H. Guignot, Gallimard, « Idées », Paris, 1965.
Léautaud (Paul), *Lettres à ma mère,* Mercure de France, Paris, 1956.

Léautaud (Paul), *Le Petit Ami*, Mercure de France, Paris, 1964.
Léautaud (Paul), *Amours*, Mercure de France, Paris, 1965.
Leblanc (Maurice), *813. La Double Vie d'Arsène Lupin*, Hachette, Paris, 1975.
Poe (Edgar Allan), *Œuvres en prose*, Flammarion, Paris, 1951.
Proust (Marcel), *À la recherche du temps perdu*, Le Livre de Poche, Paris, 1966.
Proust (Marcel), *Correspondance*, Plon, Paris, 1931.

FILMOGRAPHIE

1954 *Une visite*
1957 *Les Mistons*
1958 *Histoire d'eau*
1959 *Les Quatre Cents Coups*
1960 *Tirez sur le pianiste*
1962 *Jules et Jim*
1962 *Antoine et Colette*
1964 *La Peau douce*
1966 *Fahrenheit 451*
1967 *La mariée était en noir*
1968 *Baisers volés*
1968 *La Sirène du Mississipi*
1969 *L'Enfant sauvage*
1970 *Domicile conjugal*
1971 *Les Deux Anglaises et le continent*
1972 *Une belle fille comme moi*
1973 *La Nuit américaine*
1975 *L'Histoire d'Adèle H.*
1976 *L'Argent de poche*
1977 *L'Homme qui aimait les femmes*
1978 *La Chambre verte*
1979 *L'Amour en fuite*
1980 *Le Dernier Métro*
1981 *La Femme d'à côté*
1983 *Vivement dimanche*

PROJETS INABOUTIS
Liste sélective

La Tour Eiffel
Bleu d'outre-tombe
Journal d'un premier amour
L'Homme qui étranglait les femmes (Frenzy)
Bonnie and Clyde
Nightfall
L'Enfant roi
Le Journal d'un fou
Projet Dracula
Le Dialogue des Carmélites
La Chambre obscure
L'Agence Magic
00/14
Le Petit Ami
La Petite Voleuse
Nez de Cuir
Le Journal d'Alphonse

Préface d'Éva Truffaut *7*

La vie est dégoûtante *11*
Léaud le Kid *27*
Je ne suis pas Antoine Doinel *35*
Est-ce bien raisonnable ? *41*
Les souffrances du jeune Alphonse *53*
Ni avec toi, ni sans toi *63*
Fading *75*
J'ai mal à l'autre *83*
To be or not to be *91*
Pas de fin, pas grave *103*

Le Journal d'Alphonse *111*

Bibliographie *120*
Filmographie *126*

L'auteur remercie Éva Truffaut,
Madeleine Morgenstern, Laura Truffaut, Joséphine Truffaut,
Philippe Langlois, Frank Smith, Monique Holveck,
Patricia Guédot, Colline Faure-Poirée, Jean Lagarrigue
et Poppée.

Maquette : Jean Lagarrigue

Achevé d'imprimer
par l'Imprimerie Floch
à Mayenne, le 19 octobre 2004

Dépôt légal : novembre 2004
Numéro d'imprimeur : 61230

ISBN 2-07-077292-6 / Imprimé en France

132575